THOMAS BERNHARD, O FAZEDOR DE TEATRO

E A SUA DRAMATURGIA DO
DISCURSO E DA PROVOCAÇÃO

Coleção Textos

Dirigida por:

João Alexandre Barbosa (1937-2006)
Roberto Romano
Trajano Vieira
João Roberto Faria
J. Guinsburg

Equipe de realização – Preparação de texto: Marcio Honorio de Godoy; Revisão: Raquel F. Abranches; Ilustrações: Sergio Kon; Projeto de capa: Adriana Garcia; Produção: Luiz Henrique Soares, Elen Durando, Ricardo W. Neves, Sergio Kon e Lia N. Marques.

THOMAS BERNHARD, O FAZEDOR DE TEATRO

E A SUA DRAMATURGIA DO DISCURSO E DA PROVOCAÇÃO

SAMIR SIGNEU

ORGANIZAÇÃO E TRADUÇÃO

Título original em alemão: *Der Theatermacher*
© Suhrkamp Verlag Frankfurt am main 1984 – All rights reserved by Suhrkamp Verlag Berlin.

CIP-Brasil. Catalogação na Publicação
Sindicato Nacional dos Editores de Livros, RJ

T38
    Thomas Bernhard, o fazedor de teatro e a sua dramaturgia do discurso e da provocação / Thomas Bernhard ; organização e tradução Samir Signeu. -- 1. ed. -- São Paulo : Perspectiva, 2017.
    288 p. ; 21 cm. (Textos ; 36)

    Tradução de: Der theatermacher
    Inclui bibliografia
    ISBN: 978-85-273-1084-0

    1. Bernhard, Thomas, 1931-1989. 2. Teatro - História e crítica. 3. Teatro (Literatura). I. Signeu, Samir. II. Título III. Série.

17-39191   CDD: 792.0981
                                                                             CDU: 792(81)
18/01/2017 24/01/2017

Direitos reservados em língua portuguesa a

EDITORA PERSPECTIVA LTDA.

Av. Brigadeiro Luís Antônio, 3025
01401-000 São Paulo SP Brasil
Telefax: (11) 3885-8388
www.editoraperspectiva.com.br
2017

SUMÁRIO

Agradecimentos 9
Cronologia – Um Percurso 13
Introdução: O *Struwwelpeter* Thomas Bernhard 19

1. O TEATRO NO TEATRO DE THOMAS
   BERNHARD 31
   As Peças de Thomas Bernhard 34
   O Teatro Fala Sobre o Teatro 35

2. O FAZEDOR DE TEATRO 43
   O Fazedor de Teatro 45
   Sobre a Peça 173

3. O TEATRO DA PALAVRA OU O TEATRO
   DISCURSIVO DE THOMAS BERNHARD 193
   Tragédia ou Comédia? 207
   Ódio ao Teatro? 209
   O Aforismo em Thomas Bernhard 218

4. O TEATRO PROVOCATIVO DE THOMAS
   BERNHARD 227
   O Grotesco em Thomas Bernhard 231
   A Ironia em Thomas Bernhard 249

CONCLUSÃO 263
   No Alvo 265

Bibliografia 281

AGRADECIMENTOS

À Profa. Dra. Ingrid Dormien Koudela, pela pronta aceitação, orientação e, sobretudo, pela confiança que em mim depositou.

À Coordenação de Aperfeiçoamento de Pessoal de Nível Superior (Capes), pela concessão da bolsa de doutorado que permitiu a realização desta pesquisa.

Aos meus familiares, pela paciência e compreensão.

Ao companheiro Manlio Speranzini, sempre presente, pelos inestimáveis conselhos.

A Isolde Ursula Rieder, que compartilhou comigo momentos de dúvidas e descobertas.

A Alex Fabiano, Berenice Raulino e Grazzi Colella.

E a todos que de alguma forma me acompanharam nessa jornada pelo teatro de Thomas Bernhard.

A irritação
é que conta
nós não estamos aqui
para fazer um favor
às pessoas
O teatro não é nenhuma instituição de benevolência

THOMAS BERNHARD, *O Fazedor de Teatro*

CRONOLOGIA – UM PERCURSO

1931   Nicolaas Thomas Bernhard nasce em 09 de fevereiro, em Heerlen, Holanda. Filho natural de Hertha Bernhard – filha do escritor Johannes Freumbichler – e do carpinteiro Alois Zuckerstätter, pai que nunca chegou a conhecer e que sempre o negou.

1932   Vive em Viena, na casa dos seus avós maternos. Seu avô materno será a sua figura modelo.

1934   Muda com os avós para Seekirchen am Wallersee (na Áustria).

1936   Começa seus estudos na escola pública em Seekirchen, no outono.

1937   Sua mãe se casa com o cabeleireiro Emil Fabjan. Seu avô conquista o prêmio Nacional Austríaco de Literatura, com a publicação do romance *Philomène Ellenhub*, romance regional salzburguense.

1938   Muda-se para a casa da sua mãe, em Traunstein, na Alta Baviera. Nesse mesmo ano, nasce seu meio-irmão, Peter Fabjan, e, logo depois, sua meio-irmã,

Suzanne. Seus avós se casam após 34 anos de convivência.

1943-1945 Frequenta o internato em Salzburgo.

1943 Morte do pai, suicídio. Curso de violino, com o professor Steiner.

1945 Cursa estética musical com o professor Theodor W. Werner e aulas de canto com a professora Maria Keedorfer. Trabalha como aprendiz de jardineiro em Traunstein. Retorna ao internato de Salzburgo.

1946 Sua família é expulsa da Baviera e instala-se em Salzburgo.

1947 Interrompe os estudos e torna-se aprendiz comercial, numa mercearia do subúrbio de Salzburgo.

1949 Estadia no sanatório de Grofenhof, para tratar da pleurisia. Morte do avô.

1950 Diagnosticado com tuberculose. Morte da mãe, vítima de câncer.

1951 Obtém bolsa de estudo da Academia de Música de Viena, onde também estuda interpretação. Passa a morar com Hedwig Stanianicek, que conhecera no sanatório e tomara o costume de chamá-la de tia. Nunca mais se separam até o dia da morte de Hedwig, em 1984.

1952 Viaja para Veneza. Estuda canto, encenação e arte dramática no Mozarteum, de Salzburgo. Forma-se em 1957. Primeiras publicações: *A Grande Fome* e *Poemas*.

1952-1955 Colabora no jornal *Demokratischen Volksblate*, de Salzburgo, com crônicas judiciárias, relatos turísticos e críticas de livros, teatro e cinema.

1955 Primeiro processo de difamação, após a publicação de um artigo seu sobre o teatro de Salzburgo.

1956 Viaja para a Sicília.

1957-1960 Amizade com o compositor Gerhard Lampersberg, em Maria Saal, na Caríntia.

1957 Viaja para a Iugoslávia. Publica *Sobre a Terra Como no Céu* (poemas).

1958 Publica mais duas coletâneas de poemas: *In Hora Mortis* e *Sob o Ferro da Lua*.

1959 Escreve *As Rosas do Deserto, Cinco Movimentos Para Balé, Voz e Orquestra* (ópera curta musicada por Gerhard Lampersberg).

1960 Temporada em Londres, onde trabalha na Biblioteca do Instituto Cultural Austríaco.

1962-1963 Temporada na Polônia.

1963 Publica *Frost*, seu primeiro romance.

1964 Publica *Amras*. Prêmio Julius Campe, por *Frost*.

1965 Passa a dividir o seu tempo entre Viena e a fazenda que comprou em Ohlsdorf, na Alta Áustria. Morre a sua avó materna, Anna Freumbichler.

1967 Publica *Perturbação*. Prêmio do Círculo Cultural da Federação da Indústria Alemã.

1968 Publica a narrativa *Ungenach*. Prêmio Nacional Austríaco. Prêmio Anton-Wildgans, da indústria austríaca.

1969 Publica as narrativas *Watten, Ereignisse* e *An der Baumgrenze*.

1970 Publica *Das Kalkwerk*. Estreia da peça *Uma Festa Para Boris*. Prêmio Georg-Büchner, da Academia Alemã de língua e literatura. Começa sua amizade e trabalhos com o diretor alemão Claus Peymann.

1971 Publica as narrativas *Gehen* e *Midland in Stilfs*; também o roteiro cinematográfico *O Italiano*. Viaja para palestra na Iugoslávia.

1972 Estreia da peça *O Ignorante e o Louco*, que recebe o prêmio Franz-Theodor-Csokor. Prêmio Adolf--Grumme, para *O Italiano*.

1973	Publica o roteiro cinematográfico *Der Kulterer* e as peças *A Sociedade da Caça* e *A Força do Hábito*. Prêmio dos dramaturgos de Hannover e o prêmio francês Séguier.
1975	Publica o romance *Correção* e a autobiografia *A Origem*. Estreia a peça *O Presidente*.
1976	Publica a autobiografia *Der Keller* e estreia as peças *Os Célebres* e *Minetti*. Prêmio literário da Câmara Econômica Federal da Áustria. Processo de difamação do padre Franz Wesenauer.
1978	Publica as narrativas *O Imitador de Vozes*, *Sim* e a autobiografia *Der Atem*. Estreia das peças *Immanuel Kant* e *O Almoço Alemão*.
1979	Estreia das peças *O Reformador do Mundo* e *Antes da Reforma*. Saída da Academia Alemã de Língua e Literatura.
1980	Publica a narrativa *Die Billigesser* e estreia da peça *À Doda*.
1981	Publica a autobiografia *O Frio* e o livro de poema *Ave Virgil*. Estreia das peças *Sobre Todos os Cumes Há Paz* e *No Alvo*. Recusa-se a participar no Primeiro Congresso de Escritores Austríacos, em Viena.
1982	Prêmio Prato, para *Perturbação*. Publica o romance *Betão*, a narrativa *O Sobrinho de Wittgenstein* e a autobiografia *Uma Criança*.
1983	Prêmio Mondelo (italiano). Publica o romance *O Náufrago* e estreia sua peça *As Aparências Enganam*.
1984	Publica *Árvores Abatidas* e estreia as peças *O Fazedor de Teatro* e *Ritter, Dene, Voss*, que no Brasil foi montada com o título *O Jantar nos Wittgenstein*. Gerhard Lampersberg entra com uma ação na justiça, pois se reconhece num dos personagens de *Árvores Abatidas*. Em resposta ao recolhimento

	desse livro, pede que suas obras sejam retiradas das livrarias austríacas.
1985	Publica o romance *Antigos Mestres Comédia*. Escândalo quando da apresentação da peça *O Fazedor de Teatro*, no Festival de Salzburgo; com pronunciamento do Ministro das Finanças, Franz Vranitzky.
1986	Publica o romance *Extinção* e a peça *Simplesmente Complicado*.
1987	Publica a peça *Elizabeth II*.
1988	Prêmio Médicis estrangeiro, para *Antigos Mestres* (francês). Publica a peça *O Almoço Alemão* e ocorre a encenação da peça *Praça dos Heróis*, no Burgtheater de Viena, que provoca escândalo na imprensa e na porta do teatro; mas – também – é sucesso de público e crítica. Recusa o Prêmio Fetrinelli (italiano).
1989	Morre em 12 de fevereiro, em sua residência de Ohlsdorf. Foi enterrado no cemitério de Grinzing, em Viena. Seu testamento decretava a proibição de encenações de suas peças, bem como a publicação de textos inéditos na Áustria, o que não foi cumprido.
2009	Publicação de *Meine Preise*, obra póstuma a partir da compilação de discursos e alocuções proferidas quando da recepção de vários prêmios de literatura.

Der Struwwelpeter, *feito por Heinrich Hoffmann para ilustrar a capa do livro de mesmo nome.*

INTRODUÇÃO:
O *STRUWWELPETER* THOMAS BERNHARD

Há quase dois séculos um livro de contos, do escritor e médico alemão Heinrich Hoffmann[1], é um clássico da literatura infantil mundial – *Der Struwwelpeter oder Lustige Geschichten und drollige Bilder* (O Struwwelpeter ou Histórias Divertidas e Figuras Engraçadas). A primeira publicação dessa obra foi em 1845, na cidade de Frankfurt, na Alemanha. No posfácio da 100ª edição, em 1876, Hoffmann explica como surgiu a escritura desse livro; conta que no Natal de 1844, como seu filho mais velho já estava com três anos de idade, ele resolveu ir até a cidade para comprar um presente para o mesmo. Esse presente poderia ser um livro ilustrado que apresentasse uma linguagem mais adequada às crianças. Mas de tudo que encontrou e viu, nada o agradou, pois eram ou narrativas longas, ou coletâneas "ridículo-tolas" com gravuras ou, ainda, histórias moralizantes, que terminavam com exortativas instruções prescritivas. Então, Hoffmann

---

1. O médico e escritor alemão Heinrich Hoffmann nasceu em 1809, em Frankfurt, e morreu na mesma cidade em 1894. Sua produção escrita é composta de livros dos mais diversos temas e assuntos: medicina, psiquiatria, humor, poesia e literatura infantil; e é nessa última especialidade que ele será reconhecido e admirado.

resolveu escrever um livro de contos para crianças com ilustrações, a fim de presentear o seu filho; contudo, não tinha a pretensão de que aquele livro seria publicado posteriormente.

Der Struwwelpeter contém dez contos ilustrados. No prefácio, Hoffmann relaciona algumas das atitudes e comportamentos que as crianças deveriam seguir para ganhar esse livro, tais como: precisavam ser comportadas, educadas, não podiam recusar-se a tomar sopa, não deviam esquecer-se do pão, tinham que se mostrar mais tranquilas, deixar de fazer barulho, era importante que se deixassem conduzir pela mãe nos passeios e eram obrigadas a observar várias outras regras de conduta e de obediência.

Porém, ao contrário de tudo isso, a personagem Struwwelpeter[2], que dá nome ao livro, e só aparece na introdução (ou seria o primeiro conto?), é descrita como um garoto que não corta as unhas há mais de um ano e não deixa que penteiem os seus cabelos. Ou seja, trata-se de um jovem que não se cuida e, portanto, possui uma aparência selvagem, suja. Nos outros contos, aparecem meninos e/ou meninas que já não têm mais a aparência de Struwwelpeter, mas que, de alguma forma, afrontam as normas e condutas sociais ao agirem de maneira impulsiva. Além disso, essas personagens apresentam "maus" hábitos, procedem de maneira inconveniente, revelam péssimas atitudes, são desobedientes, malvadas e perversas. No fim de cada conto, depois do desfile de várias atitudes e comportamentos indesejáveis em uma criança, os protagonistas infantis das histórias sempre acabam mal por terem transgredido as regras de conduta social e moral.

Em "A História do Zangado Frederico", um menino que cria pássaros na gaiola tenta matá-los atirando cadeiras neles logo depois de soltá-los. Esse mesmo garoto, o Frederico que dá título ao conto, vai mais longe em sua perversidade, ao revelar o costume de bater em sua babá com um chicote. Mas um dia,

---

2. Algumas das possíveis traduções para *Struwwelpeter*: Pedro relaxado, desleixado, sujo, desalinhado.

ao tentar chicotear um cachorro que bebia água num chafariz, é surpreendido com uma mordida na perna. Um médico é chamado e prescreve a Frederico bastante repouso, além de receitar vários medicamentos. O menino então se vê obrigado a permanecer na cama, sofrendo fortes dores e ainda tem que tomar uma lista de remédios amargos. Enquanto isso, o cachorro é levado para ocupar o lugar de Frederico na mesa e ali passa bem, comendo bolos, salsichas e apreciando vinho.

Já "A História Muito Triste Com Fogo" apresenta Paulinha, uma menina que aproveitava a saída dos pais para brincar com fogo. Os dois gatos da casa, Minz e Maunz, um dia chamam sua atenção lembrando que seus pais lhe haviam proibido pegar a caixa de fósforos. Paulinha simplesmente ignora a advertência dos gatos. Ao acender o primeiro palito, seu vestido pega fogo e, como ventava muito, a menina é consumida pelas chamas. Fim da história, Paulinha acaba virando cinzas.

E assim seguem os outros contos; cada um apresenta enredo e desfecho inusitados: "A História do Garoto Negro" – depois de zombarem de um garoto negro, três meninos são atirados num grande pote de tinta escura e ficam mais negros que o garoto negro; "A História do Caçador Selvagem" – o caçador acaba sendo perseguido pela caça; "A História do Chupa Dedo" – Konrad, um menino que tinha o hábito de chupar o dedo, no final do conto acaba com o dedo amputado; "A História da Sopa de Kaspar" – Kaspar era uma criança acima do peso que comia muito e fora orientada a alimentar-se apenas de sopa; mas como não gostava de sopa, Kaspar morre de inanição; "A História do Inquieto Philipp" – Philipp, com sua inquietação e desobediência constantes, passa o tempo todo irritando seus pais; "A História de Hans Mundo da Lua" – Hans andava no mundo da lua e, por isso, sempre acabava em apuros, como no dia em que caiu no rio e foi retirado de lá por pescadores. Por fim; "A História de Robert Voador" – Robert sempre fora aconselhado a ficar em casa quando estava chovendo, mas um dia, ao sair durante uma tempestade, abriu seu guarda-chuva e foi carregado pelo vento; ninguém nunca soube dizer para onde.

Ao escrever esses contos Hoffmann tinha como objetivo demonstrar que a criança compreende, percebe e alcança o que ela vê. O que nos remete para uma educação preventiva e, também, moralizante. Através dessas histórias e dessas personagens, as crianças eram advertidas e orientadas a viver em sociedade. Hoffmann quis mostrar, com essas histórias, que tudo o que fugia de um comportamento preestabelecido acabava, via de regra, muito mal.

Essa obra de Heinrich Hoffmann sempre despertou muito interesse dentro e fora da Alemanha. É o próprio Hoffmann quem nos informa que, em 1876, ela já havia sido traduzida para o inglês, holandês, dinamarquês, sueco, russo, francês, italiano, espanhol e até para o português, no Brasil. A obra instigou, também, alguns desdobramentos. Em 1970, aparece a primeira edição de *Der Anti-Struwwelpeter oder listige Geschichten und knallige Bilder* (O Anti-Struwwelpeter ou Histórias Astutas e Figuras Berrantes), livro que logo se tornou um clássico, uma obra representativa do antiautoritarismo da educação. Encontra-se aí resquícios nostálgicos da geração de 1968. Friedrich Karl Waechter, através do seu livro, deu uma resposta indispensável, inteligente, divertida e que complementa *O Struwwelpeter*, de Hoffmann.

SuperStruwwelpeter Lustige Geschichten und drollige Bilder für Kinder von 3 bis 93 Jahren (SuperStruwwelpeter Histórias Divertidas e Figuras Engraçadas Para Crianças de 3 a 93 Anos), de Hansgeorg Stengel e Hans-Eberhard Ernst, cuja primeira edição é de 1993, apresenta doze histórias curtas, que atualizam Hoffmann. Os autores destacam assuntos e temas que fazem parte do cotidiano das crianças dos nossos dias, como: a violência na escola; crianças com uma infinidade de atividades diárias; preconceito racial entre jovens; a incapacidade dos pais em estabelecer limites aos seus filhos; a obesidade infantil; falta de identidade; crianças viciadas em vídeo; pais que não servem como exemplo ou modelo aos seus filhos; além de outros.

Mas não nos interessa aqui falar da criança como ela tem sido vista pela literatura através dos tempos: seja como um pequeno adulto, seja como exemplos de tipos de crianças, ou seja, como modelos exemplares. E são poucas as produções literárias dedicadas às crianças que as respeitam e as apresentam como elas são, ou como deveriam ser vistas. O que nos interessa é estabelecer uma relação entre o caráter da personagem Struwwelpeter e a obra teatral de um dos mais representativos dramaturgos austríacos – ou da língua alemã –, Thomas Bernhard. Ele apresentava atitudes e comportamentos dignos dessa personagem da cultura germânica, não só nos seus trabalhos literários e nas suas produções teatrais, mas também em sua vida privada.

Quando se pensa que Struwwelpeter é uma personagem que atua contra o estabelecido pela sociedade; ou, ainda, que ele é um ser à procura de outras maneiras de ver e estar no mundo, não se importando com as consequências imediatas ao dizer o que quer, pois é aquilo que ele quer fazer e dizer; então verifica-se, na dramaturgia de Thomas Bernhard, uma postura e atitude Struwwelpeter. Em Bernhard são as transgressões de conteúdo do discurso que ganham destaque, quando ele, através das suas personagens, do seu niilismo, da sua misantropia, da sua misoginia e da sua máquina de linguagem, se utiliza das palavras para falar e criticar o homem, o teatro e a sociedade austríaca, com veemência e sem pudor. Esses procedimentos, que também poderíamos denominar de bufonaria, estiveram sempre presentes nos discursos proferidos por Bernhard, nas cerimônias para recebimento dos diversos prêmios que ganhou durante a sua trajetória como escritor. Nessas ocasiões, provocava incômodo nos promotores dos eventos e nas plateias, ao abordar temas como a morte e a política austríaca. Podemos observar tudo isso, com particular destaque e intensidade, na sua peça *Der Theatermacher*, que foi traduzida por *O Fazedor de Teatro*. Um estudo mais atento a partir dessa obra e desse autor, desse *morbus austriacus*, desse *enfant terrible*, desse *angry man* da literatura e dramaturgia austríacas, gera a possibilidade de denominá-lo Struwwelpeter do teatro contemporâneo, e de constatar que ele fez um teatro discursivo e provocativo, pela insistência e frequência com que incitava e instigava seus espectadores, leitores e a sociedade. Mas quem foi o fazedor de teatro Thomas Bernhard?

Thomas Bernhard nasceu em Heerlen, na Holanda, em 1931. Filho natural da austríaca Hertha Bernhard e de Alois Zuckerstätter, marceneiro, pai que ele nunca conheceria pessoalmente. A figura paterna será substituída efetivamente pela presença do avô materno, o escritor austríaco Johannes Freumbichler. É através da biblioteca desse avô que Bernhard terá, desde muito cedo, os seus primeiros contatos com os livros e as leituras. Criança, viveu os momentos de horrores da Segunda Guerra. Frequentou internatos. Ainda jovem, teve pleurisia, doença que o levou a diversas internações e que mais tarde o levaria à morte. Bernhard, durante a sua juventude, dedicou-se aos estudos de canto, violino e estética musical, na Academia de Música de Viena e, também, às artes cênicas no Mozarteum, em Salzburgo. Publicou os primeiros trabalhos literários na faixa dos vinte anos. E se pensarmos num estudo imagológico, encontraremos, na sua obra, uma imagem da Áustria repleta dos sentimentos de ódio, repulsa e amor. Os seus escritos estão permeados dos ensinamentos e pensamentos do filósofo, também austríaco, Ludwig Wittgenstein, evidenciando, por exemplo, os mecanismos de aprendizagem da linguagem, um mecanismo de aprendizado propiciado muito mais pela repetição do que pela reflexão.

Instigante, mordaz, polêmico e provocador são alguns dos adjetivos pelos quais Thomas Bernhard foi e continua sendo qualificado. Ele mesmo dizia ser um destruidor de histórias, um típico destruidor de histórias. E, assim, ele foi escritor de contos e romances, ensaísta, poeta, roteirista e dramaturgo. Com frequência, encontramos em sua produção literária uma das suas obsessões temáticas que é a solidão humana. Foi agraciado com os mais importantes prêmios destinados aos escritores de língua alemã, dentre eles destacam-se: Julius Campe (1964),

Literarische Ehrengabe (1967), prêmio Nacional Austríaco de Literatura e Anton Wildgans (1968), Büchner (1970), Grillparzer (1972), Hannoverscher Dramatiker e Séguier (1974), Feltrinelli (1987) e Medici (1989).

As obras de Thomas Bernhard para o teatro são das mais significativas e originais da cena contemporânea de língua alemã e do cenário mundial. Seu teatro parece ser uma continuação dos seus romances, não só em relação aos temas, mas também ao uso dos procedimentos de repetição das palavras e frases. O reconhecimento de Bernhard acontece a partir dos anos de 1960 e 1970, com a tradução e publicação de suas narrativas e apresentações de suas peças em diversos países da Europa. Seria o teatro de Thomas Bernhard formalista? Antiteatro? Teatro de Ruptura? Teatro da Repetição? Teatro do Exagero? Teatro Frio? Teatro Puro? Teatro da Palavra? Teatro do Discurso? Teatro da Provocação?

A partir da morte do escritor austríaco Thomas Bernhard, em 1989, muitas pesquisas e publicações sobre ele vieram à luz, em diversas partes do mundo, com a perspectiva e o objetivo de explicar e analisar a sua obra. Na Áustria existem duas fundações que cuidam do seu espólio e mantêm vivo o seu legado. Na Europa, suas peças fazem parte do repertório de muitos teatros e, com frequência, suas narrativas são lidas em teatros ou colóquios. E no Brasil? O que temos é, no campo editorial, a publicação de alguns de seus romances e narrativas, como *Wittgenstein neffe* (O Sobrinho de Wittgenstein, 1992), *Verstörung* (Perturbação, 1999), pela Editora Rocco e, pela Companhia das Letras, *Auslöschung – Ein Zerfall* (Extinção, 2000), *Der Untergeher* (O Náufrago, 2006), *Origem* (2006) – que é um volume contendo os cinco romances autobiográficos dele, a saber: *Die Ursache* (A Causa), *Der Keller* (O Porão), *Der Atem* (A Respiração), *Die Kälte* (O Frio) e *Ein Kind* (Uma Criança) – e, mais recentemente, *Der Stimmenimitator* (O Imitador de Vozes, 2009). Não há nenhuma publicação da sua obra dramatúrgica no nosso mercado editorial. O que temos é um caderno brochura da peça

Der Präsident (O Presidente), traduzido pelo Instituto Goethe da cidade de Porto Alegre, no Rio Grande do Sul. As pesquisas universitárias sobre Thomas Bernhard e sua obra concentram-se, sobretudo, na cidade de São Paulo e na Universidade de São Paulo, dentre as quais destacamos a tese de Heloisa Helena Bauab, *O Teatro de Thomas Bernhard Como Máquina de Linguagem*, de 2004; a tese de Alexandre Villibor Flory, *Sopa de Letras Nazista: A Apropriação Imediata Pela Forma na Ficção de Thomas Bernhard*, de 2006; e a dissertação de Patrícia Miranda Dávalos, *Ficção e Autobiografia: Uma Análise das Narrativas de Thomas Bernhard*, de 2009.

Se há um nome nas artes contemporâneas e mais especificamente na literatura de língua germânica, cuja análise, aproximação ou caminhos para se chegar ao seu trabalho tenha como grande tentação a utilização da via de comparação da sua obra com a sua biografia, com a sua vida, este nome é o do controverso Thomas Bernhard. Muitos artigos, escritos, ensaios e teses sobre ele têm priorizado ou partido desse viés, em que a crítica genética assume um papel preponderante e fundamental. Nomes como Philippe Lejeune, com o seu *Pacto Autobiográfico*, têm servido de base para essa empreitada. Mas tentaremos, na medida do possível, nos esquivar dessa vereda. O próprio Thomas Bernhard é responsável por nos conduzir a essa opção, uma vez que nos legou uma obra vastíssima e rica, que em muitos aspectos é assumidamente autobiográfica, principalmente aquela parte composta dos cinco romances acima citados.

Encontramos também, na leitura dos seus trabalhos, referências literárias fundamentais, o que constitui um *background* e estofo que embasará toda a sua obra; bem como a presença ostensiva e marcante do seu avô materno, o romancista Johannes Freumblicher. Esse avô o introduzirá nas searas da arte, da filosofia, da independência, da ironia, do silêncio. Então, reconstituir o percurso histórico da literatura de língua alemã até os anos de formação do jovem escritor Thomas Bernhard seria muito atraente; mas já empreendemos, de certa forma, esse tipo de jornada, quando da escritura da dissertação apresentada em 2005, sob o título *As Peças Faladas de Peter Handke*, obra publicada pela editora Perspectiva em 2015. Assim, com as devidas especificidades e particularidades, ela pode ser compartilhada com esses dois importantes homens da literatura austríaca.

Em 1936, Thomas Mann, ao ser indagado se poderia falar de uma literatura especificamente austríaca, respondeu que sim, complementando que, para ele, isso era óbvio: embora não fosse fácil determiná-la, todo mundo a sentia. Acrescentamos que, apesar da proximidade e de todo o poderio econômico e cultural da grande irmã – a Alemanha –, a Áustria tem legado ao mundo nomes notáveis, com uma produção diferenciada. Escritores como Elfriede Jelinek, Gerhard Rühm, Harald Sommer, Ingeborg Bachmann, Otto Mühl, Peter Handke, Peter Turrini, Werner Schwab, Wolfgang Bauer e, dentre eles, também, Thomas Bernhard.

De certa maneira, Thomas Bernhard refletiu e evidenciou, em suas produções literárias, os dois grandes momentos pelos quais passaram o Estado e a sociedade austríaca na sua história. O primeiro deu-se em 1918, com o desmoronamento do Império austro-húngaro, ao final da Primeira Guerra Mundial, e o segundo, em 1938, com o *Anschluss*, que foi a anexação da Áustria à Alemanha pelo regime nazista, que durou até 1945, com o fim da Segunda Guerra Mundial. Sobre estes dois momentos, Ludwig Scheidl disse:

Se há marcos cronológicos que se tornaram decisivos da história dos povos e das nações, haverá, no caso austríaco, sempre que ter em conta o ano de 1918 que, com o desmembramento do Império, conduz à formação do moderno Estado austríaco, e o ano fatídico de 1938 com a anexação da Áustria (*Anschluss*) pela Alemanha nacional-socialista. A anexação, um processo político contrariado por parte significativa da população austríaca, tem necessariamente a sua explicação histórica e sociológica, aparecendo aos olhos dos que a apoiaram como consumação de um processo histórico iniciado em meados do século XIX com o projeto liberal da "Grande Alemanha", e, para outros, como a consequência inevitável do desmembramento do Império austro-húngaro. O Estado austríaco sofreu, pois, duas rupturas profundas no século xx, com reflexos e traumas na própria identidade nacional[3].

É tentador, também, fazer uma abordagem da obra de Thomas Bernhard pela seara da musicalidade dos seus trabalhos. A sua formação como musicista, seja como cantor ou violinista, é marcante nesse sentido. Assim, é possível detectar, em seus romances, narrativas e peças, essa forte presença, não só com relação às citações, informações e argumentações relacionadas à música, mas também ao constatar como a própria forma de algumas de suas produções assume deliberadamente essas influências, seja na divisão, na repetição ou serialismo, como veremos um pouco mais adiante.

Outra aproximação evidente e importante de Thomas Bernhard é com os filósofos. Não é raro encontrar, em seus trabalhos, a presença de alguns deles; seja por afinidades, seja nas alusões, citações e leitura das personagens; seja na própria participação deles como personagens, ou como exercícios de fundamentação temática. Assim, na obra de Thomas Bernhard deparamos com os filósofos Pascal, Schopenhauer, Kant, Wittgenstein, Hegel, Montaigne, Novalis, Spinoza, Voltaire, Kierkegaard, Heidegger. Daí, poderíamos até dizer que o teatro de Thomas Bernhard é filosófico.

Dessa forma, no decorrer desta análise daremos prioridade aos estudiosos que tiveram e têm no teatro, ou nas letras, o seu campo de pesquisa e atuação. Por conseguinte, teremos encontros com Anatol Rosenfeld, Bertolt Brecht, Hans-Thies Lehmann, Jean-Pierre Ryngaert, Jean-Pierre Sarrazac, Marvin Carlson, Patrice Pavis e Peter Szondi. E nos campos mais específicos do discurso, da ironia e do grotesco, os convocados imediatos foram Beth Brait, Dominique Maingueneau, Douglas Muecke, J. Guinsburg, Mikhail Bakhtin, Muniz Sodré, Victor Hugo, Wolfgang Kayser, salientando as pesquisas e escritos de

3. *Novas Histórias Com Tempo e Lugar*, p. 9.

Bakhtin em relação a "romancização do teatro"; as de Brecht, Szondi e Rosenfeld sobre a "epicização do teatro"; e as de Sarrazac sobre a "rapsodização do teatro".

A proposta, então, é muito mais verificar a diversidade polifônica da dramaturgia de Thomas Bernhard, do que procurar estabelecer um discurso que possa unificar o seu trabalho, ou seja, não nos interessa aqui transformar em uma unidade a produção de Bernhard para o teatro. Trata-se da tentativa de navegar por oceanos turbulentos, mas fascinantes, e chegar numa terra onde se corre o risco de cair em areias movediças, tendo como timão o próprio teatro de Thomas Bernhard.

Com o escopo de facilitar a leitura deste trabalho optamos pela tradução dos textos e títulos citados, que ainda não foram vertidos para o português. E conservamos aqueles que já se encontram em português.

Este estudo encontra-se assim estruturado: no primeiro capítulo, abordamos o teatro no teatro de Thomas Bernhard. De maneira panorâmica e geral, trabalhamos na escritura de sinopses de todas as peças desse dramaturgo. Aproveitamos os conteúdos das mesmas para expor os conceitos de arte, das artes cênicas principalmente, nelas contidos. Já no segundo capítulo, "O Fazedor de Teatro", apresentamos a tradução do original alemão da peça de mesmo nome, e a partir dela fazemos uma análise interpretativa. Procuro, na medida do possível, ser fiel à expressão, forma e conteúdo da peça em questão. Ainda que, ironicamente, Thomas Bernhard tenha assim se manifestado sobre a tradução de seus livros: "Um livro traduzido é como um cadáver que foi mutilado por um carro, até torná-lo irreconhecível. Você pode sempre juntar os pedaços, mas será muito tarde, não servirá para nada."[4] No terceiro capítulo, empreendemos uma investigação sobre o teatro discursivo ou o teatro

---

4. Un livre traduit, c'est comme un cadavre qui a été mutilé par une voiture jusqu'à le rendre méconnaisable. Vous pouvez toujours rassembler les morceaux, mais c'est trop tard, ça ne sert à rien. K. Fleischmann, *Thomas Bernhard Entretiens avec Krista Fleischmann*, p. 124.

da palavra de Thomas Bernhard, ressaltando aspectos como a substituição do diálogo pelo monólogo, o questionamento da pureza do gênero, além do uso de aforismos. Por fim, no quarto capítulo falamos do teatro provocativo de Thomas Bernhard, que se processa através da presença do grotesco e da ironia. Ou seja, empreendemos um percurso que segue a trilha da estética do exagero do *Struwwelpeter* Thomas Bernhard.

1.
O TEATRO NO TEATRO
DE THOMAS BERNHARD

O primeiro contato de Thomas Bernhard com o teatro se deu através da igreja, fato que ele nos narra no seu romance autobiográfico *Uma Criança*. Mas a primeira incursão de Thomas Bernhard na escritura para as artes cênicas foi por meio de óperas curtas, ainda que possamos e devamos levar em conta as diferenças específicas e particulares em relação a uma peça e um libreto. Um libreto é inconcebível sem a música; então, os textos dessa natureza foram escritos especialmente para serem musicados. Eles evocam a música e servem de suporte para uma composição. Ou seja, os primeiros textos dramáticos de Thomas Bernhard estavam a serviço da música.

No período de 1957 a 1960 Thomas Bernhard escreverá seis óperas curtas: *Die Rosen der Einöde* (As Rosas do Deserto), *Köpfe* (Cabeças), *Die Erfundene* (A Invenção), *Rosa*, *Frühling* (Primavera) e *Gartenspiel für den Besitzer eines Lusthauses in Kärnten* (Jogo de Jardim Para o Proprietário de uma Casa de Prazer na Caríntia). Nessa mesma época, Thomas Bernhard morou na casa do compositor austríaco Gerhard Lampersberg (1928-2002); foi ele quem compôs a música dessas óperas.

As solicitações de Lampersberg eram que os textos tivessem redução e concentração linguística, rigor e abstração da estrutura. O texto era trabalhado de maneira estrutural, com o propósito de apurar e refinar a plenitude do elemento existencial. Além dessas óperas curtas, Gerhard Lampersberg musicou outros textos de Bernhard, como alguns poemas de *In hora mortis*, coletânea dedicada a ele.

Encontramos nessas óperas curtas alguns dos temas, motivos e procedimentos que aparecerão mais tarde na obra dramatúrgica de Bernhard, como, por exemplo: relações de dominação, submissão e de dependência entre as personagens; recusa de comunicação entre as personagens – a solidão humana; monólogos com existência autônoma; comportamento das personagens como marionetes; apresentação do mundo como um grande teatro; estabelecimento de relação entre o cômico grotesco e o trágico; e repetições.

As Peças de Thomas Bernhard

Thomas Bernhard iniciará a sua produção dramatúrgica em fins dos anos de 1960. Uma produção vasta (28 peças), plena de discurso verborrágico, violenta, musical e metateatral. A relação abaixo segue a data das publicações das peças: *Ein Fest für Boris* (Uma Festa Para Boris); *Der Ignorant und der Wahnsinnige* (O Ignorante e o Louco); *Die Jagdgesellschaft* (A Sociedade da Caça); *Die Macht der Gewohnheit* (A Força do Hábito); *Der Präsident* (O Presidente); *Die Berühmten* (Os Célebres); *Minetti: Ein porträt des Künstlers als alter Mann* (*Minetti: Retrato do Artista Quando Velho*); *Immanuel Kant: Komödie* (Immanuel Kant: Comédia); *Vor dem Ruhestand: Eine Komödie von deutscher Seele* (Antes da Reforma: Uma Comédia da Alma Alemã); *Der Weltverbesserer* (O Reformador do Mundo); *Am Ziel* (No Alvo); *Über allen Gipfeln ist Ruh: Einer deutscher Dichtertag um 1980* (Sobre Todos os Cumes Há Calma: Um Dia do Poeta

Alemão em 1980. Comédia); *Der Schein trügt* (As Aparências Enganam); *Ritter, Dene, Voss*; *Der Theatermacher* (O Fazedor de Teatro); *Einfach komplieziert* (Simplesmente Complicado); *Elizabeth II: Keine Komödie* (Elizabeth II: Nenhuma Comédia); *Der deutsche Mittagstisch. Dramolette (A Doda; Maiandacht; Match; Freispruch; Eis; Der deutsche Mittagstich; Alles oder nichts; Zu den Abbildungen)* (O Almoço Alemão: Dramolette [Um Morto; O Mês de Maria; Partida de Futebol; Absolvição; Sorvete; O Almoço Alemão; Tudo ou Nada]); *Claus Peymann kauft sich eine Hose und geht mit mir essen. Drei Dramolette (Claus Peymann verlässt Bochun und geht als Burgtheaterdirektor nach Wien; Claus Peymann kauft sich eine Hose und geht mit mir essen; Claus Peymann und Hermann Beil auf der Sulzwiese)* (Claus Peymann Compra Para Si uma Calça e Vai Comer Comigo. Três Dramolette [Claus Peymann Deixa o Bochum e Vai Como Diretor Para o Burgtheater em Viena; Claus Peymann Compra Para Si uma Calça e Vai Comer Comigo; Claus Peymann e Hermann Beil no Sulzwiese]) e *Heldenplatz* (Praça dos Heróis).

O Teatro Fala Sobre o Teatro

São estas peças que vão nos apresentar, por meio das personagens, das ações e das situações, as ideias e os pensamentos de Thomas Bernhard. Apresentam, também, o teatro que foi difundido por ele: o mundo do teatro visto sob o filtro e a óptica da estética do exagero. Gênio do escândalo, utilizou do método do exagero sob o prisma da ironia e do grotesco para criar seu teatro provocador. Outra característica da sua dramaturgia evidencia-se na grande maioria das suas peças que tem como tema, ou subtema, o próprio teatro nos seus mais diversos enfoques e aspectos. Trata-se de peças que tentam abarcar e dar conta do mundo. Dessa forma, o teatro para ele é o mundo, e o mundo é um grande teatro. Podemos chamar essa produção de metadrama, pois enfoca o teatro dentro do teatro. O microcosmo, que é o teatro, nos serve, então, como parâmetro para o macrocosmo, que é o mundo. Portanto, o teatro de Thomas Bernhard fala muito sobre o universo do teatro e, para isso, utiliza uma escritura inquieta.

Na peça *No Alvo*, a atividade do dramaturgo é o tema principal; logo nas primeiras falas da peça as questões colocadas giram em torno de especulações sobre o escritor dramático. A indagação formada por essas falas iniciais não é apenas retórica, pois, no desenvolvimento da peça, percebemos que a resposta a ela vai nos dando ideias com relação ao aspecto da função exercida pelo dramaturgo, além de referir-se ao que é produzido por ele, ou seja, o texto. Assim, no decorrer da própria peça em cena é dito que aquilo que o espectador está assistindo no palco é a sua própria imundice. O espectador também é alertado para o fato de que, ainda por cima, ele aplaude sua própria sujeira, mesmo tendo sido posto a nu da forma mais cruel através de piadas e de vilanias maldosas. Aplaudimos a insolência. O público não percebe nada e aplaude como louco, porque vai para o teatro com essa disposição. Dessa forma, aplaude o mais absurdo, aplaude o seu próprio enterro e, mesmo quando é esbofeteado no proscênio, aplaude. O público é perverso com ele mesmo, pois aplaude o que odeia. No teatro vemos algo que não desculpamos, que odiamos e, depois, ainda aplaudimos. Mas, além do aplauso, há a possibilidade do aniquilamento, da destruição. Dessa forma, Thomas Bernhard faz uma crítica contundente à mediocridade dos espectadores, que não percebem e não reagem às bofetadas que o teatro lhes dá.

Como numa autoanálise, mas de maneira indireta, Bernhard nos fala dos seus processos e procedimentos com a dramaturgia. Diz que só há possibilidade de renovação quando se conhece o fluxo marítimo e se tem a consciência de que tudo o que já foi dito, escrito e visto no teatro se repete. A Mãe, personagem da peça *No Alvo*, comenta que um dramaturgo é obrigado a conhecer o mar, a maré-cheia e a maré-baixa, pois no teatro, assim como nos ciclos marítimos, tudo se repete; ao conhecer o mar, o dramaturgo conhecerá também as leis da sua arte. A personagem Dramaturgo argumenta que os espectadores já viram e ouviram tudo o que vem da ribalta. Tudo já foi pintado, tudo já foi escrito tudo já foi dito, enfim, tudo já existe. Repetimos o que já existe à nossa maneira, vestimos o fato com a nossa roupagem e vamos com ele para a rua. Só há o novo quando a nossa vontade quer, quando queremos ver o novo.

A Mãe, por sua vez, continua o seu discurso sobre o mundo do teatro; diz que cada vez mais há porcaria no palco até o palco ficar completamente cheio dessa porcaria quando, finalmente, corre o pano. Ir ao teatro tornou-se, há muito tempo, um hábito; muito antes de chegar a ele e do começo do espetáculo, já sabemos qual será o fim da peça. Odiamos a nós mesmo por isso. Há muito não gostamos do teatro, só fingimos que gostamos; ele já se tornou um hábito para nós. Hoje vemos peças que tentam dar conta de tudo, que criticam tudo à exaustão. O dramaturgo é, por natureza, arrogante e megalomaníaco. Somos matéria-prima para ele, sua fonte, seu assunto dramático. Somos uma fonte de riqueza para aqueles dramaturgos que sabem arrancar tudo do mais fundo dos fundos. Porém trata-se de uma arte solitária, que está sempre muito particularmente só consigo mesma.

A personagem Mãe acrescenta que há dramaturgos idealistas e utópicos que pensam em transformar o mundo; às vezes, alguns deles vão mais longe ao pensar em mandar tudo pelos ares. Procuram, no início, fazer uma pequena revolução na própria cabeça, depois uma revolução maior, em seguida uma revolução ainda maior e, por fim, a partir da própria cabeça, pensam em pôr a revolução no mundo a fim de explodir tudo. Mas os dramaturgos não confessam isso, ou, se o dizem, não o fazem. Sempre tentando mudar a sociedade, naturalmente não conseguem resultados, pois esta não pode ser modificada. Mas o que importa é a tentativa. Nenhum deles alguma vez modificou a sociedade. Para a Mãe, todos falharam, inclusive Shakespeare.

Só os estúpidos e medíocres não pensaram nisso. Pensar em falhar é o pensamento essencial.

Ela questiona se o dramaturgo é sincero enquanto escreve, busca saber o que o escritor dramático pretende dizer, e se, afinal, seu intuito é de fato fazer uma declaração ou não. Conclui que naturalmente não tem sentido o que ele faz, porque tudo é sincero, até a própria mentira é sincera. Por isso não há nada que dramaturgos e escritores odeiem mais do que serem indagados sobre o ato da escrita.

Conviver com a "mentira" é uma das principais condições que se impõe ao dramaturgo, ao artista. Bruscon, personagem de *O Fazedor de Teatro*, é um grande mentiroso. Para ele, tudo é mentira, inclusive o teatro. Somos alertados o tempo todo sobre o caráter artificial do teatro, da arte.

Em outras duas peças, especificamente *Minetti* e *Simplesmente Complicado*, é o ator que se torna o objeto temático. Encontramos nelas reflexões acerca da arte do ator, suas peculiaridades funcionais, psicológicas e sociais. Temos, respectivamente, dois atores já aposentados: um que quer voltar à ativa e o outro que quer manter-se recluso.

Ambos veem a arte do ator como uma arte fatal, pois o teatro é uma arte monstruosa. O ator aproxima-se do dramaturgo e o dramaturgo o destrói, tal como o ator o destrói, apaga-o. O mundo está cheio de existências artísticas destruídas. Num ato de transgressão, o ator arranca a máscara do escritor e a põe em seu próprio rosto, dirigindo-se ao público. O ator coloca o público à prova: primeiro o ilude e depois o horroriza. Fazem-no cair na armadilha da história, do espírito, dos sentimentos. Por outro lado, o maior inimigo do ator é o seu público. O ator precisa se lembrar, a cada momento, de que o público pode invadir o palco. É nesse estado de espírito que ele deve representar: contra o público. Os espectadores é quem devem temer o ator, não o contrário. Se o ator mostra seu lado inquietante, o público sente-se repelido. O mundo quer ser distraído, mas a função do ator é a de perturbar, pois, para onde quer que se olhe hoje, só existem mecanismos de entretenimento. Então, o mergulho deve ser de cabeça, contra a sociedade e a boçalidade.

O Velho Ator, personagem da peça *Simplesmente Complicado*, afirma que tecnicamente não se pensa na arte teatral quando se representa, logo, não se pensa em Shakespeare quando se representa Shakespeare. Na verdade, entre os medos constantes dos atores estão o de não decorar, o de esquecer e perder seu próprio texto, o de não poder representar, ou ainda temem com frequência que a cortina venha a cair em suas cabeças. Vivem num medo contínuo da perda instantânea de sua maestria artística.

Tanto o Velho Ator quanto Minetti compartilham dos seguintes pensamentos: os atores são como crianças que podem tudo, até permitir-se colocar uma coroa na cabeça sem que com isso sejam considerados doidos. Mas um ator só é um verdadeiro artista se for louco dos pés à cabeça, se se entregar totalmente à loucura, transformando-a no seu método radical. O artista não pode ter medo, embora todos os artistas tenham medo, pois a arte dramática é traiçoeira. Quando todos se calam, o ator é o único que fala, por isso a sua existência é sempre outra existência, a sua cabeça, outra cabeça. E mesmo quando ele não fala é outra coisa, o seu agir é diferente. Gente de teatro parece perigosa, mas não é. Os atores são todos doidos, o teatro inteiro é coisa de doidos. Gente de teatro, gente doida, mundo do teatro, mundo doido. E sempre que questionados sobre a arte de representar eles, os atores, expõem suas ideias a respeito porém sem saber explicá-la.

Outro aspecto dessa arte enfocado com muita ênfase é a dedicação do ator ao seu ofício, que o torna quase que um abnegado. Muitas vezes sua entrega ao teatro se transforma e acaba num isolamento, numa solidão. O exercício da profissão de ator exige ensaios cotidianos, para que ele não perca a prática. Nesse sentido, como que num ritual, os atores, num dia específico aleatoriamente escolhido, põem as máscaras, as coroas, o casaco e repetem o texto, exercitam.

Já na peça *Os Célebres*, o ator é visto como um ser inteligente. Ela propõe que ele seja inteligente, mas não muito, pois o bom ator é, durante toda a sua vida, um talento da natureza. Se ele perde seu talento natural, fica perdido em sua carreira. Por outro lado, quando o ator perde a sua inocência, ele tenta a direção cênica. Só que os grandes atores não perdem jamais a sua inocência.

Muitos atores tratam seus talentos das maneiras mais absurdas. Uns se embriagam muito, outros fornicam bastante, já os mais talentosos se embriagam e fornicam o tempo inteiro. Então é preciso que o talento seja aniquilado para que o artista possa nascer. O aniquilamento do talento no artista é sua condição prévia de existência.

As personagens o Editor, o Encenador e o Baixo, da peça *Os Célebres*, numa conversa refletem e ponderam sobre as artes, e dizem que o artista deve estar só, contra todos e contra tudo, por conseguinte, contra o mundo. Para eles, o verdadeiro artista é sempre criador de uma só e mesma arte. Artistas importantes sempre criam uma única obra e trabalham variações dela sempre interiormente, sem interrupção e de maneira imperceptível. O gênio é sempre imperturbável para o exterior, inflexível para o interior e para o exterior. O verdadeiro artista está constantemente em conflito com sua arte. O artista autêntico segue o caminho que ninguém mais segue, o mais difícil de todos. Ele está constantemente numa situação conflituosa, na busca e luta pela construção de uma obra, à procura das condições ideais para os preparativos, elaboração e realização de uma obra.

Por outro lado, o Editor, o Encenador e o Baixo dizem que o artista atinge uma situação ideal quando também se revela um bom homem de negócios, pois, sem esse traquejo, a cada instante ele cai inevitavelmente em armadilhas. O artista modesto é um conto popular. O grande artista exige e nunca exige o bastante, pois sua arte é absolutamente impagável.

De sua parte, o Baixo, que é também um barão, afirma que a arte hoje, em sua totalidade, não é nada mais do que uma gigantesca exploração da sociedade. Não há mais nada a ser feito na arte além de peças musicais que representam peças a serem transformadas em moeda. Na atualidade, as grandes óperas, assim como os grandes teatros, são apenas grandes bancos onde, dia após dia, aqueles que se convencionou chamar de artistas acumulam fortunas.

Uma visão pessimista sobre o teatro nos é apresentada na peça *Immanuel Kant*. Nela, os grandes atores já se encontram no cemitério e os vivos não são absolutamente mais nada. Por sua vez, o teatro não tem mais nada a oferecer; tornou-se um anacronismo. É um escritor e filósofo que defende essa tese em um livro no qual prova que o teatro está ultrapassado. Strindberg, eis o homem, todo o resto é absolutamente nada.

São pensamentos e ideias como os acima descritos, muitas vezes contestatórios, contraditórios, contrastantes e discordantes, que fizeram de Thomas Bernhard um Fazedor de Teatro, um provocador com um aguçado senso irônico.

2.
O FAZEDOR DE TEATRO

O FAZEDOR DE TEATRO*

Thomas Bernhard

Um certo talento para o teatro
desde criança
nascido homem de teatro vocês sabem
fazedor de teatro
armador de armadilhas desde muito cedo

Veado Negro em Utzbach.

Sala de baile.

---

* Apresentação gráfica de acordo com o original alemão.

Personagens

BRUSCON, fazedor de teatro
SENHORA BRUSCON, fazedora de teatro
FERRUCCIO, filho deles
SARA, filha deles
O HOSPEDEIRO
A HOSPEDEIRA
ERNA, filha deles

Cena 1

Três horas da tarde
O fazedor de teatro Bruscon e o hospedeiro entram

BRUSCON *com um chapéu de aba larga sobre a cabeça, um sobretudo que lhe cai até os tornozelos e uma bengala na mão*
O quê aqui
nesta atmosfera abafada
Como se eu tivesse adivinhado
exclama
Ator do Estado
Meu Deus
nem mesmo para urinar
eu entrei neste tipo de hospedaria
E é aqui que eu devo
apresentar a minha Roda da História
anda alguns passos para a direita
Veado Negro

pois é
como se o tempo tivesse parado
anda alguns passos para a esquerda, depois ao hospedeiro
diretamente
Como se o senhor não soubesse
que chegaríamos hoje aqui
olha em volta
Desolador
olha em volta
Absoluta nulidade cultural
desolador
ele quer se sentar, mas não há nenhuma poltrona sobre o estrado
ao hospedeiro diretamente
Utzbach
Utzbach como Butzbach
O ator do Estado Bruscon
em Utzbach
Minha comédia nesta Utzbach
olha em volta
Veado Negro
pois é
Este calor abafado
calor abafado de tempestade
Um espírito tão sensível
num corpo tão sensível
de repente irritado
Então o senhor não tem aqui nenhuma poltrona
o hospedeiro vai procurar uma poltrona
Bruscon senta-se
O HOSPEDEIRO
Sopa frita[1] o senhor disse
BRUSCON
Evidentemente

---

1. *Frittatensuppe* – sopa com tiras de massa de panqueca fritas. (N. da T.)

A única coisa
que se pode comer aqui
é a sopa frita
Mas não com muita gordura
sempre esses enormes olhos de gordura na sopa
mesmo na sopa frita
a província celebra seu triunfo
estira as pernas
Em Gaspoltshofen
nós tivemos um enorme sucesso
grandioso
condições ideais
olha em volta
A minha filha Sara lhe disse
que eu preciso
de mais uma almofada
E tem de ser de crina de cavalo
Você não terá nenhuma dificuldade
de arranjar-me uma dessas almofadas de crina de cavalo
O HOSPEDEIRO
A almofada de crina de cavalo
já está sobre a cama
BRUSCON
Já está sobre a cama
o senhor disse
já está sobre a cama
olha em volta
As teorias
não estão de acordo com a prática
Quantos habitantes o senhor disse
O HOSPEDEIRO
Duzentos e oitenta
BRUSCON
Duzentos e oitenta
Uma minicomunidade

Dizer que isto existe
Em Gaspoltshofen
nós tivemos oitocentos e trinta espectadores
todos inteiros
e aplaudiram com muito entusiasmo
Se eu soubesse
que este
este
O HOSPEDEIRO
Utzbach
BRUSCON
que este Utzbach
só tinha duzentos e oitenta habitantes
Gente velha
que nem escuta
nem vê
ao hospedeiro diretamente
A Roda da História
é uma comédia da humanidade
estende os braços o mais longe possível
César Napoleão Churchill
entram em cena
mas isso não quer dizer
que a criatura feminina
seja negligenciada
No fundo eu não vivo
durante toda a *tournée*
senão de sopa frita
Em Gaspoltshofen
era extraordinariamente saborosa
Quase sem olhos de gordura
volta-se para olhar
E Metternich naturalmente
desempenha um papel fundamental
na minha comédia

que na verdade
é uma tragédia
como o senhor verá
O hospedeiro começa a empurrar as mesas para junto da parede
BRUSCON
A natureza das coisas
é sempre a oposta meu senhor
Nós saímos numa *tournée*
e caímos sempre numa armadilha
por assim dizer numa armadilha de teatro
de repente censurando o hospedeiro
O senhor já falou
com o capitão dos bombeiros
a respeito da luz de emergência
Como já disse
a minha comédia precisa
no fim
estar em completa escuridão
mesmo a luz de emergência precisa estar apagada
completa escuridão
absoluta escuridão
no fim da minha comédia
se não houver absoluta escuridão
minha Roda da História é destruída
Se a luz de emergência não for apagada
minha comédia se transforma
justamente no contrário
Em Gaspoltshofen eles
apagaram a luz de emergência
em Frankenmarkt também
até em Ried na província de Inn
que sempre é considerada como um dos lugares mais estúpidos
Diga ao capitão dos bombeiros
que eu sou Bruscon
o ator do Estado Bruscon

que representou o Fausto em Berlim
e o Mefisto em Zurique
Os bombeiros são obstinados
as estatísticas provam
que anualmente eles causam mais desastres
que todos os outros
Se um edifício começa a queimar
os bombeiros o destroem completamente
Este calor abafado
desabotoa o sobretudo até a metade
Por outro lado fico resfriado
se tiro o sobretudo
A todo o momento atormentado pela tosse
torturado pela dor de garganta
banhado pelo suor
o hospedeiro quer abrir uma janela
BRUSCON *censura-o levantando a bengala*
Então atreva-se
pois eu estou sentado na corrente de ar
põe-se de cócoras
Este cheiro repugnante
A engorda de porcos dá alguma coisa
O hospedeiro fecha a janela
Ou não é apenas uma perversidade dos hospedeiros
Por toda a parte esse cheiro de porcos
De um chiqueiro ao outro
De fato aqui não há nada
além desses chiqueiros
e igrejas
geme
e nazistas
pende-se para trás e fecha os olhos
Se não nos autorizarem
a desligar a luz de emergência
nós não representamos

endireita-se
Este lugar é um castigo de Deus
Para isto que eu frequentei a academia
e fui condecorado
com a Cruz da faixa dourada
agarra a cabeça
Ágata avisou-me
levanta-se e olha em volta
A catástrofe deveria ocorrer um dia
Se pensarmos claramente
devemos nos matar
coloca-se no meio do estrado e estende a bengala o mais alto possível
fixando os olhos no teto da sala
Utzbach
baixa o braço e anda cinco passos para a direita e depois dez passos para a esquerda medindo o palco fica parado
O palco também não era grande
em Gaspoltshofen
Em Ried na província de Inn
era dois metros mais largo
mas isso era apenas uma desvantagem
ao hospedeiro diretamente
A catástrofe é bem isso
não realmente para mim
mas sim para a minha mulher
ela é alérgica ao cheiro dos porcos
como ela é doente dos pulmões
tem dificuldades
mesmo no ar mais puro
Ela tem de fazer no fim
um discurso de meia hora
ao povo de Roma
e apesar disso não é seu dom
tosse

Cada palavra espalha aqui um turbilhão de pó
e este texto diabólico
da minha comédia
grita para dentro da sala
Excelência eu lamento
ao hospedeiro diretamente
Mais ou menos
uma comédia da criação
para não ter que dizer
uma obra do século
grita para dentro da sala
Calábria
não me faças rir
ao hospedeiro diretamente
Um trabalho da maturidade sem dúvida
O senhor já leu algo a esse respeito
Tudo disparate
como tudo nos jornais
escrevinhadores da incompetência
curva-se e examina com a mão direita o assoalho do estrado
Mas nem uma única crítica negativa
inqualificável
mas nem uma única crítica negativa
levanta-se novamente
A minha mulher
sofre constantemente de dores de cabeça
eu tenho um histórico de rins
curva-se novamente e examina mais uma vez o assoalho do estrado
Contanto que não nos atrapalhe
Em Gaspoltshofen eles tinham
um assoalho novo
este está todo mofado e apodrecido
Já não se dança mais aqui
levanta-se novamente com dificuldade

Já não se dança mais neste estrado
Não parece
que se tenha dançado neste estrado
ultimamente
Aqui há apenas gente velha
que não dança
há décadas que nenhum teatro se apresentou mais
aqui
ao hospedeiro
Traga então uma dessas mesas aqui para cima
sobre o estrado
Nosso cenário
é quase nada
o mais simples
Três vezes um biombo
é tudo
e um portal
O hospedeiro traz uma mesa para o estrado
BRUSCON
Como o senhor pode ver
nós viajamos apenas com um baú
e um cesto de roupa
é tudo
Ali
Coloque a mesa ali
A questão da iluminação
é decisiva
O hospedeiro coloca a mesa próximo de Bruscon
Bruscon indica-lhe com a bengala que a mesa
deve ser colocada diante dele
O hospedeiro segue a instrução de Bruscon
BRUSCON
A nossa fantasia mesmo o nosso espírito
devem sempre ser postos em ordem
no fim não corresponde a absolutamente nada

Coloque a mesa ali
mostra onde a mesa deve ser colocada
O hospedeiro coloca a mesa lá
BRUSCON
Sim
a mesa fica bem aqui
por um momento ao menos
por um momento
debruça-se para trás
Fantasia
Magia
endireita-se novamente enquanto o hospedeiro na sala encosta novamente as mesas na parede
BRUSCON *ao hospedeiro diretamente*
O senhor conhece Sankt Radegund
Onde fica
HOSPEDEIRO
Dez quilômetros mais à frente
BRUSCON
Dez quilômetros
efetivamente
o que eu pensava
Dez quilômetros o senhor disse
HOSPEDEIRO
Dez quilômetros
BRUSCON
Foi lá que eu fui espancado
em mil novecentos e quarenta e quatro
por um empregado do açougue
que me confundiu com um trabalhador de cera
que segundo se diz era natural de Mattighofen
Por isso eu tenho ainda hoje
essas dores no ombro
que estraga mesmo sem esse incidente
a minha já bastante difícil existência

Esse crime foi cometido há quarenta anos
Naquela época eu era ainda estudante
estudava história do teatro
não como o senhor acredita
numa universidade
eu estudava tudo como autodidata
Eu vim não sei por que
para esta região
e fui espancado em Sankt Radegund
isso poderia mesmo ter sido o fim
olha para o chão
Naquela época eu usava
calças muito compridas
e um boné de linho na cabeça
Chamava-o de meu boné de vantagens
porque eu logo deduzi
que pensar debaixo desse boné
era uma vantagem
Se queria pensar claramente
colocava esse boné
esse boné de linho
que herdei
do meu avô materno
E imagine o senhor
que mesmo numa grande cidade não me era possível
pensar sem esse boné de linho do meu avô
pelo menos não com a clareza necessária
estabeleci isso para mim como um princípio
o fato é que eu usei esse boné de linho
durante todo o trabalho na minha comédia
Se eu tirar o boné
minha comédia está destruída
era o que sempre pensava
e eu o usei todos os nove anos
nos quais eu escrevi minha comédia

justamente a nossa Roda da História
Eu lhe digo
que sem desligar a luz de emergência
não haverá representação
Que tipo de gente é essa
os capitães dos bombeiros
É ridículo
que aqui em
em
em
HOSPEDEIRO
Em Utzbach
BRUSCON
em Utzbach
exista um capitão de bombeiros
e justamente nessa aldeiazinha
O senhor me perdoa
se chamo de aldeiazinha
a sua terra que sem dúvida o senhor muito a estima
há um capitão de bombeiros
que não permite
que a luz de emergência seja desligada
por cinco minutos
Efetivamente
só cinco minutos sem luz de emergência
no fim de minha comédia
Mesmo em Ried na província de Inn
isto nem sequer foi colocado em discussão
A luz vai ficando mais fraca
finalmente muito fraca
e finalmente ela é completamente desligada
naturalmente também a luz de emergência
O ponto alto da minha comédia
é a escuridão absoluta
é essa a condição

para que ela não se transforme no seu contrário
move-se completamente com sua poltrona para junto da mesa
Churchill acorda durante a noite
antes da sua morte
e diz apenas a palavra Elba
a seguir fica completamente escuro
A propósito o meu filho Ferruccio é
um Churchill fenomenal
Ferruccio o senhor sabe
que eu sou um admirador de Busoni
levanta-se e bate com os pés sobre o assoalho
Na cena com Stálin
Churchill bate com os pés sobre o assoalho
isso seria fatal
se o assoalho não resistisse
Inevitavelmente os espectadores
desatariam a rir
mas isso seria o fim da minha comédia
bate com os pés mais uma vez sobre o assoalho
Em Gaspoltshofen meu filho
bateu com tal ênfase os pés sobre o assoalho
que quebrou a perna
até o joelho
mas a apresentação não foi interrompida
Houve uma pequena pausa
eu como Stálin
disse simplesmente um texto
o qual havíamos originalmente suprimido
então eu levantei meu filho
portanto eu levantei Churchill
e o levei para fora
eu o arrastei para fora o mais longe que pude levar
isso gerou uma enorme ovação
vai até a parede esquerda e vira
Shakespeare

Voltaire
e eu
dá três passos em direção ao centro do estrado e olha para dentro da sala
Eu estou em vias de
traduzir a minha comédia
para a língua italiana
que não é das mais fáceis meu senhor
Possivelmente também o mesmo
para o francês
língua pela qual eu sou sem dúvida apaixonado
A Roda da História presta-se
tanto para a Itália como para a França
ela foi escrita principalmente para os franceses
Aqui nós apenas a ensaiamos
a desenvolvemos
nos aperfeiçoamos
Eu receio que minha Roda da História
tenha na Itália um sucesso maior
do que na França
vai até a parede direita e coloca nela ambas as palmas das mãos
A ideia da minha peça
eu a tive ainda em Havre
onde conheci a minha mulher
Um conhecimento da costa por assim dizer
um conhecimento da costa atlântica
levanta sua bengala para o alto e grita para dentro da sala
Bertrand
você comete um pecado
baixa a bengala
A umidade aqui
devora tudo
Tudo aqui
é contra o instrumento
da voz humana

vai para uma das janelas e limpa com a manga o pó do peitoril
Aliás já com quatorze anos
eu fiz um esboço desta comédia
Por assim dizer um tema que me persegue por toda a vida
limpa mais uma vez o pó do peitoril da janela
uma espécie de teatro do mundo
Pensamento altruísta o senhor compreende
sobe sobre o estrado e coloca-se no meio, com o olhar para a sala
um certo talento para o teatro
desde criança
nascido homem de teatro vocês sabem
fazedor de teatro
armador de armadilhas desde muito cedo
abaixa-se e examina o assoalho do estrado
levanta-se novamente
Fuga de casa
bofetadas pancadas
cascudos do lado paterno
Desprezo total recíproco
abaixa-se novamente e examina o assoalho do estrado
Infâmia de certo modo
autoinfâmia
Trabalho do nada para chegar nesta posição
levanta-se novamente e grita para dentro da sala
Em Lörrach está o veneno
Em Lörrach está armazenado o veneno
que extinguirá a humanidade
ao hospedeiro diretamente
Este é o efeito de Lörrach
na minha Roda da História meu senhor
senta-se na poltrona
São os chamados homens do poder
os capitães dos bombeiros
Em Gaspoltshofen eu não tive
nenhuma dificuldade

ao hospedeiro diretamente
Diga ao capitão dos bombeiros
que se trata apenas de cinco minutos
de cinco minutos decisivos é verdade
Se no fim da minha peça
diga-lhe
não estiver tudo absolutamente escuro durante cinco minutos
minha peça é destruída
e seria bem aqui efetivamente
a única exceção
limpa o suor da testa com um lenço de assoar
Não me apetece
entrar numa discussão
com o capitão dos bombeiros
trata-se apenas da resposta afirmativa
cinco minutos de absoluta escuridão
cinco minutos sem luz de emergência
é ridículo
debruça-se para trás
O mundo inteiro
até nos rincões mais longínquos
é estragado por leis absurdas
Esta abominável aldeiazinha
aqui nem sequer há incêndios
aqui nunca houve incêndio como o senhor mesmo disse
isso é realmente ridículo
insistir sobre cinco minutos de luz de emergência
Nesta umidade
e aqui onde tudo está apodrecido
absolutamente nenhum incêndio pode irromper
diga o senhor ao capitão dos bombeiros
Como é que se chama o homem
HOSPEDEIRO
Attwenger

BRUSCON
Attwenger
Senhor bombeiro Attwenger
Senhor capitão dos bombeiros Attwenger
O que faz esse capitão dos bombeiros Attwenger
como profissão
HOSPEDEIRO
Tanoeiro
BRUSCON
Tanoeiro tanoeiro
Tanoeiro de que
HOSPEDEIRO
Tanoeiro de barril
BRUSCON
Tanoeiro de barril
Isso ainda existe
Tanoeiro de barril
Tanoeiro de barril e capitão dos bombeiros
Vá até lá
e diga quem eu sou
e diga-lhe
que a família dele evidentemente
tem entrada livre
HOSPEDEIRO
O tanoeiro não tem mais família
BRUSCON
Não mais
Então diga-lhe
que receberá um exemplar da minha peça
com a minha assinatura
com a assinatura de Bruscon
que jamais dá tais assinaturas
que tais assinaturas
sempre recusou
afinal uma tal assinatura que eu darei

um dia valerá uma fortuna
quando serei reconhecido não só como ator
mas também como dramaturgo como o grande Bruscon
e diga-lhe
que ele poderá jantar conosco
conosco à nossa mesa
diga-lhe isto
Do que morreu
a família dele
HOSPEDEIRO
Raio meu senhor
Eles fizeram uma excursão para Haag
e ficaram debaixo de uma faia
morreram todos
menos o tanoeiro
BRUSCON
E ainda dizem sempre
que se deve procurar faias
curva-se para trás, com os olhos fechados
Olhe senhor hospedeiro
antes de o senhor ir falar com o capitão dos bombeiros
encomende para nós na cozinha
sopa frita
quatro sopas fritas
se for possível
a esta hora
mas sua mulher está na cozinha
como eu já vi
isso é estranho naturalmente
encomendar às três e meia da tarde
sopa frita
Nós comeremos a sopa frita
aqui no estrado
nessa mesa
o meu filho a minha filha e eu

à minha mulher o senhor servirá a sopa frita
no quarto
a coitada ainda está chocada
Utzbach
é sem dúvida um lugar encantador
ela dizia no trajeto até aqui
e assim que viu Utzbach
ela desmaiou
Uma fazedora de teatro naturalmente
Por outro lado é bom
que ela se recolha antes da apresentação
pois senão ela não se lembra do texto
a todo o momento ela esquece o texto
representamos o mesmo durante anos
e ela ainda esquece o texto
e sempre nos pontos decisivos
é de enlouquecer meu senhor
O senhor não sabe
como é difícil
decorar o texto de uma peça destas
muito mais ainda fazer deste texto
uma obra de arte
o que este texto é sem dúvida
Com as mulheres há as maiores dificuldades
no teatro
elas não compreendem nada
Elas não vão até os limites
não penetram no inferno no inferno do teatro
tudo que fazem é sem convicção
sem convicção o senhor compreende
e essa não convicção
é a morte do teatro
Mas o que seria de comédias como a minha
sem intérpretes femininas
precisamos delas

Se desejarmos que a nossa comédia triunfe
precisamos de mulheres em nossa comédia
esta é que é a verdade
mesmo que seja tão amarga
Se o senhor soubesse o que me custou
ensinar à minha mulher as regras básicas as mais primitivas
do jogo teatral
cada evidência um martírio durante anos
de um lado precisamos de intérpretes femininas
de outro são mortais para o teatro
No que diz respeito às mulheres
não devemos exagerar o nosso charme
a fim de que a nossa hipocrisia
não se revele completamente
Só a palavra Odense
ela teve que falar oito mil vezes
até que eu pudesse aceitá-la
fala suavemente
Odense
É tão simples
falar suavemente Odense
a minha mulher precisou de anos
para falar de maneira aceitável
Por outro lado precisamos de intérpretes femininas
mas sem tratá-las ao extremo
senão elas nos atacam pelas costas
elas toleram muitas coisas
mas não tudo meu senhor
Quando pronunciamos a palavra *mar*
precisamos saber muito bem
o que é o mar
é uma coisa evidente
ou a palavra mata-ratos
seja o que for
uma coisa evidente

não no que diz respeito às mulheres
Durante dezenas de anos é preciso treiná-las
para compreenderem o mais simples
E como é mais difícil
quando se trata da própria mulher
que de algum modo a aceitamos para sempre
Fazer teatro com as mulheres
é uma catástrofe
Quando empregamos uma intérprete feminina
empregamos de algum modo um empecilho para o teatro
e são sempre as intérpretes femininas
que matam o teatro
mesmo se não o falamos abertamente
pois somos muito galantes para isso
uma atriz trágica
sempre foi um absurdo
se considerarmos que uma tragédia
não é nada mais que uma loucura
Se formos honestos
o teatro é em si um absurdo
mas se formos honestos
não podemos fazer teatro
nem podemos se formos honestos
escrever uma peça de teatro
nem representar uma peça de teatro
se formos honestos
de modo algum não podemos fazer mais nada
senão nos matar
mas como não nos matamos
porque não queremos nos matar
pelo menos até hoje e até agora
portanto como não nos matamos até hoje e até agora
experimentamos sempre o teatro
escrevemos para o teatro
e representamos teatro

e mesmo que tudo seja o que há de mais absurdo
e o mais mentiroso
Como pode um ator
interpretar um rei
sem que ele saiba realmente o que é um rei
como pode uma atriz
interpretar uma moça de estrebaria
sem que ela saiba realmente o que é uma moça de estrebaria
quando um ator do estado interpreta um rei
é apenas banal
e quando uma atriz do estado
interpreta uma moça de estrebaria
é ainda mais banal
mas todos os atores interpretam sempre qualquer coisa
que não podem ser
e que é apenas banal
assim tudo no teatro é banal meu senhor
Como os atores são muito ignorantes
é sempre uma banalidade
quando por exemplo interpretam Schopenhauer e Kant
ou um ator do estado representa Frederico o grande
ou mesmo Voltaire ser interpretado por um ator
tudo é banal
naturalmente eu sempre tive consciência
deste fato
O que os atores interpretam
é sempre interpretado falsamente
precisamente de modo mentiroso meu senhor
e justamente por isso é teatro
A interpretação é mentira
e amamos a mentira interpretada
Foi assim que escrevi a minha comédia
mentirosamente
assim como a apresentamos
mentirosamente

assim que ela é recebida
mentirosamente
O autor é mentiroso
os intérpretes são mentirosos
e os espectadores também são mentirosos
e tudo junto é um único absurdo
sem nem mesmo falar do fato
de que se trata de uma perversidade
que já existe há milhares de anos
o teatro é uma perversidade milenar
pela qual a humanidade é doida
e é profundamente doida por ela
porque é profundamente doida pela sua mentira
e em nenhuma parte desta humanidade
a mentira é maior e mais fascinante
que no teatro
põe seu dedo indicador esquerdo na boca e então levanta-o no ar
Após algum tempo
Nessa sala o dedo não seca
uma umidade destas
é veneno para o teatro
Em Gaspoltshofen as minhas palavras pesavam
aqui tudo se desfaz
tudo se atrofia
aqui o mais extraordinário
torna-se diletantismo
Áustria
Depravada
é a palavra exata
Desmoralizada
é o termo exato
diretamente ao Hospedeiro
É que eu tive
uma bisavó austríaca
é bom que o senhor saiba

uma bisavó Irrsiegler
Mas isto não lhe diz nada
pensativo, como se desenhasse alguma coisa sobre o estrado
Algo de tirolês
no meu ser
e também algo de perverso
Áustria
grotesca
estúpida
é a palavra exata
irresponsável
é o termo exato
Mozart Schubert
prepotência repugnante
Acredite
já não há mais neste povo
a menor gentileza
Aonde quer que vamos
inveja
mentalidade abjeta
xenofobia
ódio à arte
Em nenhuma parte tratam a arte
com uma estupidez assim
exclama
Arte arte arte
aqui não sabem mesmo
o que é isso
O verdadeiro artista
é jogado na lama
mas todos correm atrás
do mentiroso e do preguiçoso
se curvam
diante do charlatanismo
diretamente ao hospedeiro

Hospedeiro em Utzbach
mas que existência
O senhor cresceu aqui
ou veio para casar
em Utzbach
HOSPEDEIRO
Para casar senhor Bruscon
BRUSCON
Para casar
Para casar de onde
HOSPEDEIRO
De Gaspoltshofen
BRUSCON
De Gaspoltshofen
Falando honestamente
Gaspoltshofen me conquistou
pessoas muito diferentes
condições muito diferentes
das que há aqui em Utzbach
nenhum cheiro de porco
nenhuma pestilência de silos
Porque então o senhor
não ficou em Gaspoltshofen
Infeliz do senhor
após uma pausa
Por causa de uma mulher
nesta Utzbach
após uma pausa
Provavelmente o senhor teria se
desenvolvido mais em Gaspoltshofen
Quem sabe
o senhor não teria outra escolha
A mulher atrai o homem
da região mais bela
para o buraco mais horrível

Tudo aqui se torna doente
tudo é repugnante
tudo é deformado
As crianças têm todas vozes raquíticas
Desanimador
enervante
aniquilador
Quando é que o senhor veio para cá
HOSPEDEIRO
Quarenta e seis
BRUSCON
Quarenta e seis
fatalidade
fatalidade
HOSPEDEIRO
Em Gaspoltshofen não tinha
nenhuma possibilidade de viver
depois da morte do meu pai
BRUSCON
Nenhuma possibilidade de viver
Perda prematura do pai
pergunta
E a mãe está viva
o hospedeiro sacode a cabeça
BRUSCON
De que ela morreu
HOSPEDEIRO
Da gastronomia
BRUSCON
Da gastronomia
HOSPEDEIRO
Sem culpa alguma
Tínhamos uma pequena pousada
em arrendamento
BRUSCON *grita*

Um destino de arrendatário
não há nada mais trágico
que o destino de arrendatário
sobretudo gastronômico
Um arrendatário gastronômico
em todos os casos
é uma infelicidade
HOSPEDEIRO
Éramos oito irmãos
e três irmãs
em três camas
num porão úmido e frio
BRUSCON
Por isso restou-lhe apenas o casamento
com alguém da gastronomia
levanta-se e anda alguns passos
diretamente ao hospedeiro, tocando-o com sua bengala
Possivelmente Utzbach
foi para o senhor a salvação
HOSPEDEIRO
Sim
BRUSCON
Esta horrível Utzbach
na qual eu já no segundo dia
morreria de depressão católica
foi a sua salvação
olha em volta
Este abandono na construção
estas paredes monstruosas
este teto horroroso
estas portas e janelas horrorosas
esta absoluta falta de gosto
possibilitou que você continuasse a viver
senta-se novamente
nos perguntamos frequentemente

se somos nós
ou o mundo que está doido
pensativo
Hospedeiro em Utzbach
se isto não é uma loucura
uma loucura completa
grita para a sala
A loucura mais completa
de todos os tempos
Quem existe
conformou-se com a existência
quem vive
conformou-se com a vida
não pode ser tão ridículo o papel
que representamos
que não o possamos representar
olha as janelas
Nós trouxemos cortinas
que cobrem completamente todas as janelas
cortinas especiais
que mandamos confeccionar
na fábrica Klepper em Rosenheim
ao preço de oitenta mil
mas sem estas cortinas especiais
nossa comédia não seria de modo algum possível
Temos também ganchos especiais em nossa bagagem de teatro
esses ganchos especiais
podemos pregar em todas as paredes
mesmo neste tipo de parede
podemos pregá-los
Nossa iluminação é de uma fábrica especial
de Recklinghausen
A nossa vantagem é
que viajamos num único carro
e esse carro não é o menos confortável

olha para o assoalho
A princípio eu queria passear aqui
com Ágata
com minha mulher Ágata
de algum modo esticar as pernas por uma ou duas horas
mas aqui não se pode absolutamente passear
por toda a parte que se vá tem que subir
e para onde quer que se olhe apenas feiura
Então pensamos
encomendar simplesmente sopa frita
e permanecer sentados na pousada
Mas a sua sala já estava fechada
e no jardim da pousada o cheiro de porco era insuportável
Como se o senhor não soubesse
que nós chegaríamos hoje
mas o senhor tinha conhecimento
Alguém só nos recebeu após
nossos golpes obstinados contra a porta
isto é uma perversidade sem par
E quando faz um calor sufocante
cheiram mal também os animais abatidos
Por outro lado é uma vantagem
pernoitar-se numa hospedaria
que é ao mesmo tempo um abatedouro
ao hospedeiro diretamente
Eu não acredito
que aqui
nestas condições se possa respirar
se as janelas forem abertas
estamos perdidos
Quando é que seus porcos são alimentados
HOSPEDEIRO
Às cinco e meia
BRUSCON
Como é de costume às cinco e meia

Não há nenhum problema
Em Mattighofen os porcos foram alimentados
às oito e meia
por causa de um falecimento conforme nos foi dito
e todos grunhiram
os grunhidos dos porcos arruinaram toda a peça
A princípio queríamos interrompê-la
mas depois resolvemos
continuar a representar
No ponto culminante o grunhido dos porcos
aniquilou-nos
Honestamente isso me foi indiferente
porque em Mattighofen eu não tinha absolutamente uma consciência de missão
Penso que as pessoas foram em nosso teatro apenas
para se refrescarem
pois fazia um calor tão sufocante como hoje aqui
Uma versão mais curta em Mattighofen
A cena de Einstein suprimida
tudo que na minha peça é dito
sobre a bomba atômica
sem dúvida algo fundamental
em Mattighofen foi também sem essa cena
aliás lá eu também suprimi
a cena na qual Napoleão
zomba do rei da Saxônia
o que na verdade criou grandes dificuldades para minha mulher
As mulheres não são tão hábeis como nós
seres de reações lentas
Naturalmente essa foi a grande ruptura no meu drama
mas houve uma enormidade de aplausos
e como pagamento recebemos em Mattighofen
um queijo redondo enorme
mas a minha mulher não come queijo
eu mesmo também não gosto de queijo

e os meus filhos são completamente contra o queijo
Assim carregamos conosco esse queijo gigante
talvez encontremos aqui um comprador
Quarenta e três quilos é o peso do queijo
Ele nos aperta muito sobre o eixo traseiro
A propósito Sara é a motorista
porque Ferruccio fraturou uma mão
em Zwicklett
o meu filho caiu do primeiro andar no vazio
quando quis ir ao banheiro
fatal passo em falso
desfecho mortal inteiramente possível
mas meus filhos são muito flexíveis
Aqui a latrina também fica
lá fora
Eu não posso exigir da minha mulher
que vá à latrina fora da casa
Peço ao senhor
que coloque para nós dois urinóis no quarto
Sopa com almôndegas de fígado
ou sopa frita
esta sempre foi a questão
até que eu definitivamente
decidi pela sopa frita
Se à tarde comemos sopa com almôndegas de fígado
à noite não podemos representar
a barriga tira as energias
e esvazia a cabeça
A sua mulher estava tão estranhamente calada
quando nos recebeu
Mal nos cumprimentou
eu sei que aqui é uma região pouco amável
mas um cumprimento breve e amigável
sempre faz bem aos que chegam
Quanto mais descemos o Danúbio

tanto mais se torna pouco amável
abafado e pouco amável
para não dizer hostil
Em Gallspach
atraídos por uma pequena fonte
num jardim cheio de sombra da hospedaria
queríamos comer de qualquer maneira uma salsicha ao molho
Mas a garçonete
que veio à nossa mesa
cortava
as unhas
enquanto falava conosco
E quando uma dessas unhas saltou
na cara da minha mulher
deixamos em debandada o local
Quando se viaja aqui de um lugar ao outro
vê-se coisas maravilhosas meu senhor
e ao mesmo tempo todas as monstruosidades
da gastronomia austríaca
O que me fascinou tanto em Gaspoltshofen
para ser sincero
não foi o público
nem mesmo por termos representado de maneira sublime
mas unicamente o fato
de nos terem posto na mesa uma toalha branca
quando sempre há farrapos de plástico sujos e pegajosos
sobre os quais servem a comida
Uma viagem através dessa região é tudo
menos estímulo ao apetite
Na maioria das vezes eu como minha sopa frita
de olhos fechados
e de fato quase sempre com prazer
Ah, não prolongue mais a minha tortura
e pergunte
se é possível

que nos sirvam aqui e agora uma sopa frita
por assim dizer a sopa da nossa existência
o hospedeiro sai
BRUSCON
Tanoeiro de barril e capitão dos bombeiros
Mas que pessoas esquisitas
estão no comando do poder
o mais ridículo atrai
o mais grandioso para a queda
olha em volta
Repugnante
Se Ágata vê isso
Só sujeira e mau cheiro
olha ao longo das paredes
e essas reproduções horríveis
todas elas devem sair daqui
eu não represento com essas reproduções
Esta sala é um verdadeiro assassino do espírito
Aluguel da sala
não me faças rir
Bruscon não paga nenhum aluguel
por um chiqueiro destes
volta-se, olha para o fundo
César pode entrar em cena pelo fundo
mas Napoleão não pode pela esquerda frente
isto não é possível aqui
Mas a cena de César e Napoleão
eu não posso cortar
Talvez possa ir
sem Hitler
Não
aqui não
sem Hitler aqui não funcionaria
olha para a direita
Depois Sara entra

e diz Ludwig como pudestes fazer isso
Ferruccio responde Não me ofendas
eu não vou atirar nele
Podemos suprimir
de maneira geral tudo
que diz respeito ao amor
suprimir o amor
Mas não suprimir completamente
No fundo tudo é igualmente importante
Na minha Roda da História tudo é igualmente importante
Em Gaspoltshofen eles não se esforçaram
porque eu havia dito
que em Gaspoltshofen era um lugar de pessoas estúpidas
estupidificação da humanidade
não devia ter dito isso
eles representaram tão mal
como nunca tinha acontecido
Em Utzbach eles representaram ainda pior
se eu disser
o que penso sobre Utzbach
Mas eles veem bem
como é Utzbach
pobre Ágata
por outro lado de modo algum tenho pena
As mulheres *fazem* teatro
Os homens *são* teatro
As mulheres fazem teatro
esta é a dificuldade
No fundo filhos sem talento
é isto
não assimilam nada
tudo é dito
não escutam nada
tudo é mostrado
não veem nada

O pai pode dizer o que quiser
não serve de nada
A mãe estraga tudo
o que o pai realizou
olha para o chão do estrado
Filho débil
mais ou menos
Filha estúpida
olha para a janela
a mulher sentindo-se constantemente preterida
deixa-te louco
produto do proletariado
produto proletário
Eu não queria
fazer a *tournée*
eu sempre fui contra esta *tournée*
mas porque ela continuamente me atormentava
com o seu bom ar do campo
eu cedi
Gente difícil os tuberculosos
apenas suportáveis
donos do mundo por assim dizer
fanáticos pela infâmia
O bom ar do campo
que temos na *tournée*
ela dizia sempre
e ao mesmo tempo só mau cheiro
e o estado dela
nunca foi tão mau como agora
Até o médico disse
vá com sua mulher em *tournée*
Os médicos são todos idiotas
só nós sabemos de nós
quando estamos nas suas garras
mas eles são todos idiotas

Cedi e partimos em *tournée*
fraqueza de caráter repugnante da minha parte
A Roda da História
mais ou menos
atirei aos porcos
Se eu a tivesse apresentado em Colônia
ou mesmo no Bochum
às margens do Reno ou do Ruhr
tudo teria sido melhor
Assim eu aniquilei-a
Tudo só porque fui convencido
Utzbach como Butzbach
Roupa de cama meio apodrecida
cortinas de plástico rasgadas
vista para o chiqueiro
Se eu não as tivesse visto
milhares de manchas de sangue nas paredes
dos mosquitos abatidos
a que aqui eles chamam de mosquito-berne
Ela de fato tinha calafrios
Ágata eu disse
só não fique doente
aqui
nesta
nesta Utzbach
Beijo na testa
Tudo acabará bem eu disse
endireita-se todo, enquanto o hospedeiro entra novamente
É possível
a sopa frita
HOSPEDEIRO
A minha mulher já se ocupa disso
Embora precisem dela para encher salsichas
BRUSCON
Para encher salsichas

HOSPEDEIRO
Hoje é o dia do chouriço
BRUSCON
Dia do Chouriço
Dia do Chouriço
o que isto significa
HOSPEDEIRO
Neste dia se fazem os chouriços
BRUSCON
Chouriço
Exatamente hoje
é o dia da chouriço
HOSPEDEIRO
Não é preciso muito tempo
para se fazer uma sopa frita
BRUSCON
Está bem
HOSPEDEIRO
Depois a Erna virá
varrer
BRUSCON
Erna virá
Erna
quem é Erna
HOSPEDEIRO
Minha filha
BRUSCON
Está bem
HOSPEDEIRO *que trouxe algumas poltronas e as colocou no fundo da sala*
No dia do chouriço devemos todos
trabalhar juntos
BRUSCON
Está bem
portanto um mau dia

para nós
HOSPEDEIRO
Para todos
No dia do chouriço
habitualmente não temos tempo
BRUSCON
Habitualmente
não tem tempo
no dia do chouriço
HOSPEDEIRO
Mas não faz mal
BRUSCON
Não
não faz mal
Todas as semanas têm
o dia do chouriço
HOSPEDEIRO
Toda terça-feira
*puxa uma cortina e a arranca completamente jogando-a sobre
o assoalho*
BRUSCON
Todas as cortinas já estão estragadas
olha para o teto
Cheio de rachaduras no teto
HOSPEDEIRO
Há mais de quarenta anos
que não é pintado
BRUSCON
Sim
olha para as reproduções
e estes quadros com estas paisagens
já não são mais que manchas hediondas
por trás do vidro
Estes quadros devem ser retirados
com estes quadros hediondos eu não posso representar

olha para uma determinada reprodução
Não é um retrato do Hitler
HOSPEDEIRO
Sem dúvida
BRUSCON *perguntando*
E está sempre pendurado aqui
HOSPEDEIRO
Sem dúvida
BRUSCON *perguntando*
Dezenas de anos
HOSPEDEIRO
Sem dúvida
BRUSCON
É preciso olhar com muita atenção
para se ver que é Hitler
tão sujo que está
HOSPEDEIRO
Até agora
ninguém se ofendeu
BRUSCON
Ninguém se ofendeu
Quando o senhor fala com as pessoas da cidade
fala mais ou menos o alemão culto
se esforça em todo o caso nesse sentido
o que por um lado é muito louvável
por outro lado
Na minha peça Hitler também entra em cena
ele vem junto com Napoleão
e bebe com Roosevelt no Obersalzberg
Se eu não cortar essa cena hoje à noite
o retrato de Hitler pode ficar na parede
não é de todo mal
Goethe tem um ataque de tosse
e Kierkegaard o leva para fora do salão
depois de Hitler e Napoleão terem entrado

Kierkegaard
o grande dinamarquês
que escreveu Ou isso, ou aquilo
que naturalmente o senhor não tem nenhuma ideia
senta-se esgotado
Chegamos num lugar
e é um lugar estúpido
encontramos uma pessoa
e é uma pessoa estúpida
para o hospedeiro diretamente, sussurrando
Um Estado completamente estúpido
povoado
por pessoas completamente estúpidas
E pouco importa com quem falamos
percebe-se
que é um imbecil
e pouco importa quem escutamos
percebe-se
que é um analfabeto
são socialistas
eles dizem
mas são apenas nacional-socialistas
são católicos
eles dizem
mas são apenas nacional-socialistas
são pessoas eles dizem
e são apenas idiotas
olha em volta
Österreich
Áustria
L'Autriche
Sinto-me
como se representássemos
numa fossa
no abscesso purulento da Europa

faz sinal para o hospedeiro se aproximar
sussurra isso na orelha
Aqui tudo cheira mal
Um reencontro terrível
meu senhor
de novo alto
Em cada canto
tudo vira o estômago
Onde havia um bosque
há uma pedreira
Onde havia um prado
há uma fábrica de cimento
Onde havia um homem
há um nazista
E além disso sempre
esta atmosfera elétrica pré-alpina
na qual uma pessoa sensível
tem a todo o momento
o receio de um ataque de apoplexia
Esta *tournée* é uma prova
Este país
não vale o papel
sobre o qual são impressos seus prospectos
esgotado
Utzbach
Uma conspiração
contra mim
contra tudo
que vale alguma coisa
exclama
Uma armadilha para a arte meu senhor
uma armadilha para a arte
diretamente ao hospedeiro
Diga
todas as semanas há o dia do chouriço

HOSPEDEIRO
Toda terça-feira é dia do chouriço
BRUSCON
Toda terça-feira
HOSPEDEIRO *que subiu no peitoril de uma janela para pegar uma grande teia de aranha da janela*
Toda terça-feira
BRUSCON
Todo dia é dia de salsicha
HOSPEDEIRO
A cada dois dias é dia de salsicha
BRUSCON
Mas a terça-feira
é sempre o dia do chouriço
HOSPEDEIRO
Sim
salta do peitoril da janela e joga a teia de aranha sobre o assoalho
BRUSCON
Toda terça-feira é o dia do chouriço
eu deveria saber isso
Se eu não odiasse
todas as salsichas
a não ser a salsicha ao molho
quer levantar-se, mas senta-se imediatamente
Então de repente os membros
abandonam-me
Esse maldito Zwicklett
Meu filho poderia
ter morrido com a queda
O braço direito engessado
a princípio eu pensei
é uma terrível fatalidade
mas depois vi
que eram justamente aqueles com o braço direito mutilado
que meu filho interpretava

Hitler tinha o braço direito mutilado
Nero
como o senhor sabe
César
e Churchill também tinham o braço direito mutilado
os grandes governantes
todos tinham o braço direito mutilado
Ao contrário com esse braço engessado ele interpreta
esses governantes
ainda mais admiravelmente
do que os tinha representado antes
Esses papéis escrevi-os
sob medida para o meu filho
esse antitalento
como também os papéis para a minha filha
sem falar dos papéis
que a minha mulher representa
gigantesco antitalento meu senhor
Quando escrevemos uma comédia
mesmo que seja a comédia do mundo como se diz
precisamos estar completamente preparados
para o fato de que ela seja representada por diletantes
e antitalentos
é o nosso destino
O dramaturgo precisa
ter consciência deste fato
de que apenas os antitalentos
levarão sua comédia para o palco
ainda que os atores sejam grandes e famosos
são antitalentos
todos os que pisam no palco
são antitalentos
quanto mais pareçam grandiosos
quanto mais sejam famosos
tanto mais repugnante é o seu antitalento

Um ator talentoso
é tão raro como um olho do cu na cara
Essa afirmação foi feita por Pirandello
ou talvez eu mesmo a tenha feito
Pirandello fez tais afirmações
mas eu mesmo frequentemente fiz tais afirmações
e na maioria das vezes não sei
se fui eu que fiz essa afirmação
ou se foi Pirandello quem a fez
não sei
Preciso considerar como uma deferência especial
que o senhor tenha no dia do chouriço
tempo para mim
quando sem dúvida sentem a falta do senhor no abatedouro
Para o recheio de salsichas de chouriço como eu suponho
Sara e Ferruccio com a mão direita engessada entram com a grande caixa de máscaras
BRUSCON
Coloque a caixa de máscara ali
ali
eles levam a caixa de máscaras onde Bruscon deseja que seja colocada
BRUSCON
Ali eu disse
mostra com a bengala
Ali
Não ali
a caixa de máscaras é erguida e novamente repousada
BRUSCON
Ali
ali a caixa
a caixa de máscaras ali
ali
ali onde eu disse
o hospedeiro sobe no estrado e ajuda a levar a caixa de máscaras

BRUSCON
Eu já disse
ali
eles deixam a caixa
BRUSCON *toca na caixa de máscaras*
A caixa está toda úmida
Isso estraga as máscaras
esse tempo abafado
esse tempo abafado e úmido
naturalmente estraga as máscaras
Ferruccio quer abrir a tampa da caixa, mas, com sua mão engessada, não consegue
BRUSCON
Ah senhor hospedeiro
então abra a caixa o senhor
meu filho é um aleijado
não é capaz
de abrir a caixa
Agora o imbecil
é também um aleijado
o hospedeiro abre a caixa de máscaras
BRUSCON *para Sara*
Você não vê
que eu estou banhado de suor
você não vê minha criança
Sara limpa o suor da testa do seu pai com um grande lenço
o hospedeiro abre completamente a caixa de máscaras
BRUSCON
Por que vocês me deixaram tanto tempo
sentado aqui
Fui deixado aqui sentado sozinho
nesta sala horrível
onde apanharei uma doença mortal
deixado só por todos
sentado aqui

nesta poltrona dura
só na companhia do hospedeiro
ao hospedeiro
Veja o senhor
o que se tem dos filhos
gerados
e cuidados durante dezenas de anos
serem deixados sós
para Ferruccio
Essa ridícula fratura do braço
não é razão
para essa total incapacidade
ao hospedeiro
Em mim
há ao menos ainda o sangue italiano
da paixão pela arte
olha dentro da caixa de máscaras que está aberta
algo de genial meu senhor
mas nos meus filhos
não há mais nada de italiano
Meu avô materno
o senhor precisa saber disso
um destino de emigrante
que veio de Bérgamo através dos Alpes
para Kiel
no mar Báltico
Foi assentador de trilhos
na linha Hamburgo-Copenhagen meu senhor
O grande Bruscon
jamais escondeu as suas origens
para Sara
Tire-os para mim
estica as pernas
Você precisa tirar os meus sapatos
Tudo me dói

tudo
eu sou todo uma única dor
Sara tira-lhe os sapatos, ele estica as pernas o mais longe possível, mexe os dedos
BRUSCON
Faça como em Gaspoltshofen
olha bem para dentro da caixa de máscaras
Como em Gaspoltshofen minha filha
de cima para baixo
de baixo para cima
Como em Gaspoltshofen minha filha
Sara massageia as solas dos pés do seu pai
Assim está bem
Ferruccio pega de repente a máscara de César da caixa e a segura diante da cara do hospedeiro
BRUSCON *furioso*
O que é que você está fazendo
Devolva a máscara imediatamente para a caixa
imediatamente na caixa
bate os pés na cara de Sara
Imediatamente a máscara na caixa
Como se atreve
isso é monstruoso
mostrar a máscara de César para tais pessoas
para um miserável
para um hospedeiro
para um inimigo da arte
para uma pessoa que odeia o teatro
um descaramento
uma monstruosidade
Ferruccio devolve a máscara de César para dentro da caixa
BRUSCON
Feche a caixa
feche-a
feche a caixa

Ferruccio fecha a tampa da caixa
BRUSCON *para o Hospedeiro*
Por que fica aí parado
por que me encara assim
quem o senhor pensa
que é
Ah!
estende as pernas
o hospedeiro quer sair
BRUSCON
Não não
fica
aqui tudo me irrita
é isso
nesta
nesta
Sara novamente massageia as solas dos pés do seu pai
BRUSCON
nesta
HOSPEDEIRO
Utzbach
BRUSCON
nesta Utzbach
como Butzbach
ao hospedeiro
Perdoa-me
não sou assim
nunca sou assim
mas este tempo abafado
para Sara
Se ao menos você tirasse
meu sobretudo
levanta-se, Sara ajuda-o a tirar o sobretudo
BRUSCON
Vítimas da nossa paixão

todos nós somos
pouco importa o que fazemos
somos vítimas da nossa paixão
Sara pega o sobretudo e o dá para Ferruccio, que o dá para o hos-
pedeiro, que o coloca sobre o braço
BRUSCON
Estamos doentes de morte
e fazemos como se
vivêssemos eternamente
estamos já no fim
e entramos em cena
como se isso fosse durar para sempre
deixa-se cair na poltrona
Sara minha filha
você precisa estar do meu lado
justamente
quando tudo é um inferno
venha aqui
puxa-a para si, beija-a na testa
Você ficou uma estúpida
mas eu te amo
como ninguém mais
de repente curioso
E a tua mãe
ela decorou a parte dela
Sara diz que sim com a cabeça
BRUSCON
A tua mãe
é um antitalento
mas é justamente por isso
que eu fiquei com ela
e você sabe onde
SARA
Na costa atlântica

BRUSCON
Exatamente
na costa atlântica
foi no Havre
Todas essas localidades costeiras
sempre tiveram para mim
uma grande importância
O Havre Ostende
Kiel minha filha
mas também Palermo
para Ferruccio
Hoje você interpreta César
um pouco mais baixo você compreende
um pouco mais baixo
Hitler um pouco mais alegre que de costume
não tão melancólico como em Gaspoltshofen
Hitler não era melancólico
um pouco mais de sensualidade seria necessário ao meu Churchill
você compreende
um pouco mais de sensualidade
para Sara
Decorou você disse
tua mãe decorou a parte dela
e você a ouviu
Sara acena com a cabeça que sim
BRUSCON
Provavelmente
de novo não estava bom
Ela nunca foi boa
nunca compreendeu
e tudo o que eu tentei colocar na cabeça dela
ela nunca compreendeu
Mas ela trouxe ao mundo uma bela criança
você

puxa Sara para si e a beija novamente na testa
para Ferruccio
Nosso burguês
No fundo você não é do teatro
Eu não compreendo o mundo
digo frequentemente a mim mesmo
este é o nosso filho
que não compreende a poesia
que não tem nenhuma ideia
da fantasia
nenhuma ideia do espírito
nenhuma ideia do ato criador
faz-lhe sinal para que se aproxime
Venha aqui
É só uma maneira de dizer
Ferruccio vai até seu pai
BRUSCON
Você é a minha grande decepção
e você sabe disso
mas você nunca me decepcionou
Você é para mim o mais útil
o hospedeiro desaparece
BRUSCON *grita por ele*
Pode servir
a sopa frita meu senhor
e se eu posso pedir uma sopa bem quente
na maioria das vezes ela chega morna na mesa
olha em volta
Este é o preço
que temos de pagar
por termos ouvido a vossa mãe
e termos partido em *tournée*
por causa dos seus pulmões
Horrível não é
Utzbach é o nome deste lugar

Utzbach como Butzbach
aperta Sara contra ele
O mundo é cruel minha filha
e não poupa ninguém
nenhuma pessoa
nada
tudo é conduzido por ele à ruína
Quem acredita
poder fugir
é imediatamente apanhado
cada um no alvo
é a infelicidade
e o fim
Olhem para esta sala horrível
era o que eu precisava
E este hospedeiro mesquinho
que tem um cheiro tão desagradável
ainda quer de mim o aluguel da sala
E o capitão dos bombeiros
não autoriza
que a luz de emergência seja desligada
mas eu não represento
eu digo
se a luz de emergência não for desligada
escuridão total eu digo
Não deixarei arruinarem minha comédia
nesta horrível Utzbach
Essa gente não merece
que se ponha apenas os pés na sua localidade
muito menos
que uma companhia de teatro represente aqui
e ainda mais o grande Bruscon
diretamente para Sara
Você arrumou a peruca

SARA
Sim
BRUSCON *para Ferruccio*
E você
remendou os sapatos
FERRUCCIO
Sim
BRUSCON
Nós não podemos desistir
da nossa intensidade
digo a intensidade da nossa viagem
é claro que hoje representaremos
toda a comédia
hoje não corto nada
precisamente aqui nada
para Sara
A tua mãe ainda está com tosse
SARA
Ela ainda tosse
e tossiu também ao dizer o seu texto
BRUSCON
Eu pensei
que ela tossiria o texto
então ela não tomou as pílulas antitosse
SARA
Tomou
BRUSCON
Então por que ela tosse
Um texto tão bonito
um trecho tão esplêndido
e ela tosse tudo
Mas não podemos ceder
à vulgaridade
É o que há de proletário
que lhe destrói tudo o que é sublime

mesmo que seja apenas pela tosse
Vossa mãe é proletária
Mas eu a amo
esta é a verdade
irrito-me constantemente com ela
mas eu a amo
Ela fez o trecho suavemente
como eu exigi
Sara acena com a cabeça que sim
BRUSCON
Que significa isso
que ela não
que ela não fez suavemente
como eu ordenei
Que ela não fale o trecho
como em Gaspoltshofen
foi de perder a paciência
Eu sei
vocês duas tramam um complô
Você está do meu lado
mas deixa passar os disparates artísticos da tua mãe
a sua incompetência artística
em cada frase que ela diz
percebe-se
que o pai dela foi um contramestre de obras
Não é desonra ser contramestre de obras
mas que esse contramestre de obras
que o pai foi
ainda hoje se perceba em cada frase
é uma infâmia
Porém o fato é
que observamos sempre
em todos os atores
pouco importa quais
o que seus pais eram

é o que há de deprimente minha filha
Infelizmente não se nota em vocês dois
que tenham como pai Bruscon
o grande ator do estado
o maior de todos os atores do estado
que jamais existiu
estende as pernas mais longe, Sara massageia a planta dos pés
Ferruccio fica atrás de Bruscon e faz movimentos de massagem
nos ombros paternos
BRUSCON
Vocês dois
são artistas natos da massagem
Vocês deveriam ter sido massagistas
nesse caso teriam ido bem longe
estende as pernas mais longe ainda
Massagem sim
arte dramática não
A humanidade não sabe de modo algum
o que é
uma excelente massagem
Naturalmente fui eu quem os ensinou a massagem
Vossa mãe também era incompetente para a massagem
Devagar e delicadamente
fecha os olhos
Nada é mais necessário antes de entrar em cena
do que uma boa massagem
estimula a fantasia
desperta todos os bons espíritos
possibilita a arte
a mais elevada arte
o hospedeiro e a hospedeira entram e trazem a sopa frita
BRUSCON
Que perfume
para Sara
Ajude-me a levantar

Sara o ajuda a levantar-se
o hospedeiro e a hospedeira colocam os pratos sobre a mesa e
servem a sopa frita
BRUSCON
De fato ela está bem quente
HOSPEDEIRO
A sopa está muito quente
BRUSCON
Sopa frita filhos
Agora ajudem vosso frágil pai
a ir para a mesa
Ferruccio e Sara pegam o pai de cada lado e o conduzem para
a mesa
Erna entra com uma vassoura de palha
Ninguém sabe dizer
donde vem a sopa frita
Provavelmente da Boêmia
Sara empurra uma poltrona para Bruscon
BRUSCON *se senta*
Também é indiferente saber
donde vem
a sopa frita
A senhora Bruscon entra em cena com um grosso roupão
SARA *para Bruscon*
A mãe está ali
BRUSCON
O que você disse
SARA
A mãe está ali
a mãe está ali
BRUSCON
Onde ela está
SARA
Ali
BRUSCON

Ali ali
pega uma colher de sopa
não a vejo
SARA
Aqui esta a mãe
aqui
BRUSCON *levanta os olhos*
Ah sim você
pega uma colher de sopa
Excelente sopa
muito excelente a sopa frita
Mas sentem-se por favor
sentem-se por favor
todos se sentam, exceto a mãe
BRUSCON *mandando a mãe sentar*
Mas por favor senta
por que é que você está de pé
o que é que você espera
A senhora Bruscon senta-se em frente de Bruscon
BRUSCON *após um momento*
Você tossiu durante o trecho
é a verdade
não pode ser assim
tossir durante o trecho
como a Sara me relatou
será bem bonito hoje à noite
justamente hoje à noite
quando tenho a intenção
de fazer mais ou menos uma representação de gala
toma com a colher a sopa
mais ou menos
ouviu bem
uma apresentação de gala
o hospedeiro e a hospedeira saem
nesta encantadora localidade

As crianças queriam ir ao lago
seguiram uma placa
na qual estava escrito Para o Lago
mas chegaram num depósito de lixo
após uma pausa
Utzbach
Utzbach como Butzbach
mandando a senhora Bruscon
Mas coma por favor
uma sopa tão boa
há um bom tempo que não tínhamos
uma sopa frita tão boa
Erna começa a varrer impetuosamente e levanta enormes redemoinhos de poeira
Todos começam a tossir

Cena 2

Uma meia hora mais tarde
Enquanto Ferruccio numa escada monta a cortina

BRUSCON *sentado numa poltrona, para Sara, que está ajoelhada diante dele*
Baixinho minha filha
você sabe
que eu não gosto
quando você fala esse texto tão alto
Hoje nas comédias berram
Aonde vamos
por toda parte ouvimos berros
E não apenas na província
também nos grandes teatros apenas berros
Completamente baixo esse trecho você ouve
você mesma acredita
que não te ouvem

mas precisam te ouvir
você fala tão baixo que acredita
não ser ouvida
e você fala tão claro
demonstra
Quando não possuímos a beleza
e somos completamente um espírito doente
e sem recursos até na alma
Veja você como é
você fala tão baixo que acredita
não ser completamente ouvida
mas isso é um equívoco
Aquele que fala perfeitamente é ouvido mesmo
se falar tão baixo
que ele próprio acredita não ser ouvido
SARA
Quando não possuímos a beleza
e somos completamente um espírito doente
e sem recursos
BRUSCON
Não é bem assim
mais uma vez
Naturalidade de um lado
do outro entendimento da arte no seu mais alto grau
você sabe
o que isto quer dizer
Agora
SARA
Quando não possuímos a beleza
BRUSCON
Ah não
então você não percebe
baixinho
Naturalidade de um lado
do outro entendimento da arte no seu mais alto grau

SARA
Quando não possuímos a beleza
e somos completamente
BRUSCON
O que falta aqui
é a devoção
com a qual você deve falar
falta a você a devoção
você precisa dizer também muito devota
Assim
Quando não possuímos a beleza
e somos completamente
leve baixinho leve
devota minha filha
Agora
SARA
Quando não possuímos a beleza
BRUSCON *interrompe*
É impossível
como se você nunca tivesse aprendido nada
assim você não se distingue
do amadorismo
que hoje reina em todos os lugares
As pessoas já não sabem mais falar
Mesmo nos nossos teatros nacionais
ninguém mais sabe falar
Nos mais famosos teatros da Alemanha
fala-se hoje
como o gemer de uma porca
Talvez exija-se muito de você
Às vezes penso
que você é toda o lado materno
Sara levanta-se
BRUSCON
Após a apresentação venha comigo

e ensaiaremos o trecho
mesmo que sejam duas horas da manhã
Não há perdão
Sempre pensei
que eu era um ótimo professor
mas foi um pensamento errado
De Ferruccio não espero grandes voos
mas de você minha filha
Venha aqui
dê-me a mão
Sara dá-lhe a mão
BRUSCON
O que é seu pai
o que é seu pai
SARA
Senhor Bruscon
BRUSCON *empurra-a*
Descarada
como você ousa
Estes atrevimentos
ainda irão te custar muito caro
Venha aqui
aqui eu já disse
Sara vai até ele
BRUSCON
Não tolero nenhuma contestação
e nenhuma desobediência
pega a mão dela e a aperta com tanta força chegando a provocar-lhe dor
E agora
o que é seu pai
diga já o que é seu pai
FERRUCCIO *que observou a cena*
Diga-lhe já o que ele é

BRUSCON *para Ferruccio*
Você fique calado
preguiçoso
antitalento
Ferruccio
porque eu sou um admirador de Busoni
mas você não honra
o gênio de Busoni
aperta ainda mais forte a mão de Sara
Então
o que é seu pai
SARA *contrariada*
O maior ator
de todos os tempos
BRUSCON *empurra-a ela tropeça*
Então
Era o que eu queria ouvir
Afinal ainda hoje
não haviam me dito
Quando se trata de fugir
isso todos vocês sabem
Venha aqui
Você deve vir aqui
O teu pai te ordena
que você venha aqui
Sara vai até ele
BRUSCON *pega-lhe a mão*
Como vocês mesmos
não têm a ideia
de me dizer
quem eu sou
é preciso tirar à força
Não tenho nenhuma outra escolha minha filha
Nós levamos uma vida desesperada
uma existência horrível

Além disso temos ainda
uma mãe doente e estúpida
que se refugiou na hipocondria
E que tosse quando diz o seu texto
Uma catástrofe
se o capitão dos bombeiros
insiste na lei
e não autoriza
a escuridão absoluta na minha comédia
Em toda parte foi o que havia de mais simples
aqui é tudo o que há de mais complicado
Como se aqui em Utzbach
tivéssemos caído numa armadilha
para Ferruccio
Você costurou o buraco
FERRUCCIO
Sim
BRUSCON
Teve de ser veludo
e debaixo dele todos continuamos a gemer
Quando poderia ter sido de linho
Linho teria sido mesmo melhor
o linho abre-se melhor
fecha-se melhor
Não precisava ser de veludo
É a megalomania proletária
da vossa mãe
Ela sempre sofreu
da mania de esbanjar
Se ela tivesse vindo a mim
os figurinos teriam custado um terço
mas não ela queria tudo de seda
Eu disse seda artificial
ela disse seda
eu disse linho

ela disse veludo
Os proletários exigem o luxo
é isso
é isso
que nos leva às margens da ruína
Quando os proletários querem se impor
então eles se impõem a valer
Nos contentamos com uma refeição simples
eles batem ruidosamente no menu
nós pedimos um simples frango
eles fazem servir uma Virgem Chinesa
nós viajamos na segunda classe
eles viajam na primeira
nós partimos
se é verdade que partimos para algum lugar
quando muito para Merano ou para a montanha
eles viajam para as ilhas Seychelles
Mas naturalmente eu a tenho na mão
vossa mãe
ela teria vestido vocês desde a infância
de veludo e seda
O algodão fez o mesmo
vocês poderiam me agradecer
de terem crescido com algodão
se tivessem seguido vossa mãe
a filha de um contramestre de obras
ela teria estragado vocês com mimos
na mais tenra infância
Desde que os proletários dominam o mundo
o mundo desce monte abaixo
eles haviam prometido monte acima
mas na verdade vai monte abaixo
para isso não é preciso nenhuma prova
apenas um entendimento claro
por assim dizer olhos abertos

Agora o chamado socialismo apresenta-nos
a conta
as caixas estão vazias
a Europa está quebrada
Serão precisos cem anos
até que a ruína
seja reparada
O que mais me dói
é o fato
de os proletários
terem destruído também o teatro
esta é a verdade
Mas por que eu converso com vocês
que nunca compreenderam
o que eu dizia
para Ferruccio
Às seis horas faremos um ensaio de luz
Luz verde do alto
lentamente no rosto de Churchill
não como em Gaspoltshofen
onde de modo geral nenhuma luz
caiu sob o rosto de Churchill
para Sara
E você como Lady Churchill
calça os sapatos vermelhos
Você pensa que eu não vejo nada
em Gaspoltshofen você usou os pretos
A Lady Churchill na minha comédia
tem sapatos vermelhos e não pretos
Isto é da maior importância
que os sapatos sejam vermelhos
e não pretos
Eu não suporto baixeza
Lady Churchill é que usa os sapatos vermelhos
a amante de Metternich calça os pretos

Mesmo que você não compreenda por que
Eu sei porque
é o suficiente
O que você acha de trazer para mim
alguma coisa para beber
eu aqui morro de sede
enquanto a vossa mãe
olha para o teto da sala
está lá em cima à vontade
enquanto ela simula um resfriado
eu aqui morro de sede
Talvez aqui tenha Römerquelle[2]
olha novamente para o teto da sala
Uma infâmia
simular constantemente doenças
que ela não tem
eu não preciso de nenhum médico
para comprovar
que ela está em perfeita saúde
Isto é histérico
Tosse simulada
Teatro de asma
a vossa mãe tem um reservatório enorme
de sintomas de doenças
de repente para Sara
Por que é que você ainda está aqui
eu disse Römerquelle
ou Apollinaris
mas com certeza não tem
aqui
em Utzbach
Sara sai

---

2. Römerquelle (Fonte Romana), marca de água mineral. (N. da T.)

BRUSCON *para Ferruccio*
Todo seu talento
a vossa mãe investiu
nas suas representações das doenças
em vez da arte dramática
Que ela odeia minha comédia
eu sei
ela odeia tudo em mim
pelo menos tudo que seja intelectual
Fiquem satisfeitos por me terem
e de não precisarem sufocar num casamento
Que vocês sejam artistas
ou pelo menos na aparência
artistas
disso poucos têm ideia
Artistas do palco
se esta expressão não fosse tão repugnante
eu a usaria com frequência
mas ela me causa nojo
Ferruccio acaba de montar a cortina e pula da escada
BRUSCON
Flexibilidade
você sempre teve
de onde eu não sei
A sua mãe é dura
e eu sou pesado
você sempre foi flexível
Na verdade
eu ainda não quebrei
nada
Sua mãe sim
sempre foi sujeita a fraturas
o hospedeiro e a hospedeira trazem o cesto de roupa para a sala
e o deixam no chão

BRUSCON
Ah por favor
ponham o cesto ali
mostra com a bengala
o hospedeiro e a hospedeira obedecem a Bruscon
BRUSCON
Ali
sim ali
não ali
ali
assim está bem
lá
ali
o hospedeiro e a hospedeira pousam o cesto de roupas
BRUSCON
Este calor sufocante
Este calor sufocante por um lado
e por outro lado
esta sensação
de ser obrigado a morrer de frio aqui
para o hospedeiro
O senhor já esteve com o capitão dos bombeiros
HOSPEDEIRO
Não ainda não
BRUSCON
Mas por que não
Se eu disse ao senhor
que o mais importante é a luz de emergência
a minha comédia não aguenta luz de emergência
o senhor compreende
escuridão absoluta meu senhor
diga isso ao capitão dos bombeiros
ao seu tanoeiro de barril
o senhor me compreende bem
e isto não deve ser nenhuma ameaça

nós não representamos
se a luz de emergência não for desligada
exclama
É realmente ridículo
insistir com a luz de emergência
um ridículo absoluto
Então vá
e diga que eu lhe enviei
e que se trata
de algo que é muito importante
para Sara, que entra com um copo de água
Não é verdade Sara
para Ferruccio
não é verdade meu filho
para o hospedeiro
Nós não representamos
se a luz de emergência não estiver desligada
Então vá agora
perdemos muito tempo
para a hospedeira
Então como se anuncia a ceia
Ceia quente naturalmente
Uma ceia opulenta para os atores
O que a senhora nos recomenda de sublime
HOSPEDEIRA
Carne de vaca com molho de rabanete picante
massa com salada de carne de vaca
BRUSCON
Massa com salada de carne de vaca
carne de vaca molho de rabanete picante
rabanete
A senhora quer dizer rábano
Mas também é possível
que eu não decida agora
É verdade

que a sua filha tem uma deficiência no olho
HOSPEDEIRA
Ela tem glaucoma
BRUSCON
Ela tem glaucoma desde criança
então será preciso operar
HOSPEDEIRA
O médico disse
que ela precisa ser operada
BRUSCON
O glaucoma precisa ser operado
Mas ela sua filha sempre ajuda muito vocês
na cozinha não é verdade
HOSPEDEIRA
Sim sim
BRUSCON
Uma bela criança
pena que ela tenha glaucoma
para Ferruccio
Feche a cortina
o hospedeiro e a hospedeira saem
Ferruccio fecha a cortina
BRUSCON
Abre
Ferruccio abre a cortina
BRUSCON *para Sara*
Fique atrás da cortina
quero ver o efeito
quando você fica atrás da cortina
e a cortina se abre
Em Gaspoltshofen não fizemos
nem sequer um ensaio com a cortina
Sara coloca-se atrás da cortina com um copo de água
Ferruccio abre a cortina

BRUSCON
Sim
assim está bem
não com um golpe tão brusco como em Mattighofen
devagar
mas não tão devagar
para Ferruccio
Feche
e abra novamente
Ferruccio fecha a cortina e a abre novamente, enquanto Sara permanece parada e coloca os dedos no nariz
BRUSCON
Bom
Feche
Ferruccio fecha a cortina
BRUSCON
Abre
Ferruccio abre a cortina
BRUSCON *pensativo*
O que aconteceria
se a Lady Churchill colocasse os dedos no nariz
quando a cortina se abre
Não
nenhuma brincadeira
Por que você coloca os dedos no nariz minha filha
foi apenas uma ideia
uma ideia ridícula é verdade
é verdade uma ideia ridícula
Nós temos todas as ideias possíveis
mas elas são na maioria das vezes ridículas
para Ferruccio
Feche novamente a cortina
Ferruccio fecha a cortina
BRUSCON
Abra novamente

um pouco mais rápido do que antes
mas não tão rápido
Ferruccio abre a cortina
Sara mostra a língua para Bruscon
BRUSCON *para Sara*
Você pensa
que eu não vi
que você me mostrou a língua
Um efeito barato
para irritar o pai
depois disso não aceito mais nada
para Ferruccio
Pois bem
feche a cortina novamente
pois eu não preciso mais ver
essa menina feia
desmorona-se esgotado na poltrona
Ferruccio fecha a cortina
BRUSCON *colérico grita por um momento*
Römerquelle
Sara com o copo de água para Bruscon
BRUSCON *bebe um gole, reconhece que se trata de água ordinária*
que Sara trouxe e cospe-a
Água ordinária
água da torneira
aqui em Utzbach
aqui onde tudo está contaminado
onde tudo é uma fossa
repele Sara com a água
o copo cai no chão
Römerquelle eu disse
água mineral
água mineral fechada
E você se atreve a trazer
para o seu pai água ordinária e além disso choca

água de Utzbach
Um descaramento
Sara recolhe os cacos de vidro
BRUSCON
Então ao menos cerveja
Mas não
com isto mato a minha comédia
se bebo um gole de cerveja
sou incapaz de dizer uma frase
para Ferruccio
Ferruccio
ouça bem
Você vai até o centro da aldeia
e traga para mim três ou quatro garrafas de água mineral
numa mercearia
penso eu
que eles tenham água mineral no estoque
se não
vá até Gaspoltshofen
e traga para mim algumas garrafas de Römerquelle
Em Gaspoltshofen eles tinham Römerquelle
Vá agora já
Enquanto eu recapitulo com a Sara
o encontro Metternich-Napoleão
em Zanzibar
interpela Ferruccio
Vá logo
Ferruccio vai
BRUSCON *puxa Sara até ele*
Como é bom minha filha
ficar só com você
quando todas essas pessoas horríveis
foram embora
tira um lenço do bolso do casaco
Sara enxuga a testa dele

O meu coração assusta-me
minha filha
ele assusta-me já há muito tempo
A sua mãe afirma
que é doente do coração
mas eu é que sou de fato
acaricia a mão de Sara
Quando estivermos em Rouen
você terá o vestido de baile
que deseja
Rouen
um ponto alto
Aqui entre nós
eu sou um clássico
o que até aqui é apenas nosso segredo
logo
será conhecido no mundo inteiro
Meu Deus
o que é Goethe minha filha
Você sabe
que só na cena de Metternich
eu trabalhei oito meses
Ágata nunca compreendeu
porque eu me fechei mais ou menos
oito meses no meu quarto
e a ela renunciei durante esse tempo minha filha
Oito meses só para a cena de Metternich
A grande arte
é um processo terrível minha filha
Ferruccio entra com duas garrafas de Römerquelle
BRUSCON *repelindo Sara*
Que significa isso
Ferruccio abre uma garrafa e enche um copo
BRUSCON
De onde

você trouxe as garrafas
FERRUCCIO
Da hospedeira
BRUSCON
Da hospedeira
Absurdo
FERRUCCIO
Da hospedeira
BRUSCON *mandando Sara*
Um descaramento
trazer-me água ordinária
quando aqui mesmo tem Römerquelle
pega de Ferruccio um copo cheio e bebe tudo
Que alívio
deixa que Ferruccio encha um segundo copo
Creio que uma tempestade
está no ar
Römerquelle
a verdade é
que eu detesto água mineral
É uma delícia
mas eu detesto água mineral
Eu sacrifiquei pela grande arte
minha paixão pelo álcool
esta é a verdade
há trinta anos nenhum gole de vinho
apenas um copo de cerveja
Uma loucura
se não a demência
uma renúncia completamente absurda
A grande arte
ou o alcoolismo
eu decidi pela grande arte
para Sara
Você precisa ser castigada minha filha

por trazer-me
água morna da fossa de Utzbach
quando aqui se pode ter Römerquelle
deixa que Ferruccio encha um terceiro copo
Eu poderia dizer também
que é champanhe
para Sara
você e sua mãe
são cúmplices
As brincadeiras
que sob certas circunstâncias podem ser mortais
não me interesso
vá ensaiar o seu monólogo
Você é o ponto mais fraco
na minha comédia
Portanto desapareça
expulsa-a com a bengala
para Ferruccio
Como é bom
ficar uma vez só com você
quando foram para o diabo
todos aqueles que nos levam ao desespero
dentro da raiva
Minha filha
torna-se mais e mais
como sua mãe
vejo isso claramente
cada vez mais parece com ela
sempre temi isso
que ela se torne como sua genitora
De fato Ferruccio
nós não temos nada do que rir
fique ali
mostra com a bengala onde Ferruccio deve ficar
Ferruccio fica lá

BRUSCON
Sim aí
Sempre me incomoda
que você se incline muito para baixo
quando Napoleão entra
afinal você é o rei da Saxônia
não se esqueça disso
Então por favor a reverência
Ferruccio se inclina
BRUSCON
Sim
se incline sim
mas não submisso
régio mais ou menos
estende todo o tronco para poder observar melhor Ferruccio
Ferruccio inclina-se
BRUSCON
Muito bem
excelente
Entre os atos
hoje tocamos Verdi
não Mozart
Mozart não
você experimentou o aparelho
Ferruccio pega um gravador e o coloca sobre a mesa
BRUSCON
Verdi
não Mozart
Mozart aqui em Utzbach
seria de mau gosto
Ferruccio toca um fragmento
BRUSCON *ouve atento*
Basta
Ferruccio desliga o aparelho

BRUSCON
Detesto esta música
em geral eu detesto música
no teatro
quando não se trata de ópera
Mas as pessoas precisam ter música
entre os atos
não há outra possibilidade
Mais uma vez
Ferruccio coloca um fragmento
BRUSCON
Música ruim
Verdi pois bem
Eu também já não suporto mais Mozart
Desligue
Ferruccio desliga a música
BRUSCON
As pessoas não sabem mesmo tudo
o que ouvem
basta que seja música
pouco importa o tipo de música
a estupidez das pessoas
já atingiu um tal grau
que elas já não podem ficar nenhum minuto mais
sem música
Antes a música interessava-me
hoje não mais
Eu me interesso mais
pelo silêncio
e naturalmente pela arte da palavra
pelas palavras
e pelo silêncio entre elas
é isso
levanta-se com muita dificuldade e deixa-se conduzir por Ferruccio até a rampa do estrado

estende a sua bengala
Estes chifres
estes quadros
tudo precisa desaparecer
As paredes precisam estar vazias
as paredes precisam estar vazias
eu sempre representei só entre paredes vazias
Essa falta de gosto do campo
é sem igual
Em Gaspoltshofen não paguei aluguel pela sala
Aqui devo pagar o aluguel da sala
deste hospedeiro repugnante
desta hospedeira repugnante
O hospedeiro
tem um forte mau hálito
dá alguns passos para a direita
Um pesadelo
avança e diz para a sala
Lörrach cairá
dá alguns passos para a esquerda e fala para a sala
E o senhor fala de carvão do Ruhr
Senhor Presidente
retorna para o centro do estrado
Aos porcos
No campo
todo o produto intelectual
é atirado aos porcos
Eu não queria nem mesmo
ser enterrado no campo
E no entanto atrai as pessoas
esta sociedade mentirosa
senta-se novamente na poltrona
Um certo talento teatral
desde criança

Ferruccio começa a tirar os chifres das paredes, e nos intervalos também um quadro
BRUSCON
Comecei concretamente com dezessete anos
a lidar com a literatura clássica
ávido das coisas do espírito
da criação
levanta o copo de água que Ferruccio havia servido e o esvazia
Tirar todos os chifres
e também todas essas paisagens e retratos
de mau gosto
menos o último ali
você vê
esse
FERRUCCIO
Este não
BRUSCON
Esse não
Representa Hitler
então não vê
Hitler
FERRUCCIO
Você acredita
que representa Hitler
BRUSCON
Você não acha
FERRUCCIO
Não sei
BRUSCON
Representa Hitler
Aqui todos os retratos de homens representam
Hitler
aqui todos os homens são Hitler
Eu acho
que deveríamos deixar o quadro pendurado

quase como objeto de demonstração
você me compreende
todos aqui são Hitler
Ferruccio abana a cabeça
BRUSCON
Desde aquela época quase os primeiros passos
para penetrar no mundo intelectual
com dezessete anos
mais cedo ainda
no mundo intelectual dramático
Não se pode ser medroso
nenhum medroso
olha para dentro da sala e grita
Vingança príncipe
para si
Muito mal
Teatro de barraca
Teatro de barraca
muito mal
deprimente
grita
Relações catastróficas
entre vós e a linhagem dos Rohan
para si, como se ele tivesse vergonha diante de Ferruccio
Eu não deveria ter feito isto
Eu me expus
incrivelmente mal
De repente caímos novamente
já na altura do velho
de volta ao diletantismo
fala para dentro da sala
Majestade
que crueldade
mas como é natural o povo
é sempre o mais estúpido

para si
Mais nenhuma força
Em Gaspoltshofen disse tudo
com tanta facilidade
aqui me custa
cada palavra é como granito
empurra tudo para o chão
Impossível pensar
de repente para Ferruccio
Você realmente embalou
o meu boné de linho
eu não o encontrei
FERRUCCIO *novamente subiu na escada para esticar a cortina*
No bolso do seu casaco
BRUSCON
No bolso do meu casaco
pega no bolso do seu casaco
Realmente
cobre a cabeça com o boné de linho
para Ferruccio
No que se refere à arte
nunca precisamos
do sexo feminino
pelo contrário
sempre foi um obstáculo para nós
para o desenvolvimento
Onde estaríamos hoje
sem elas
Eu durante todo o tempo apenas procurei demonstrar
que semelhante *tournée* seria qualquer coisa
mas ela é só deprimente
para si
Desoladora
para Ferruccio
As mulheres não têm nenhuma noção de arte

às mulheres falta
completamente tudo que seja filosófico
é isso mesmo
falta o cérebro filosófico
Esforços nesse sentido sim
mas em vão
nada para levar a sério
Diz-se que as mulheres
estão hoje em marcha
sim para a catástrofe
Logo virá a declaração feminina
penso eu
O mundo do sentimento
também só mentira
de repente
Você pode imaginar
que falamos com sua mãe
sobre Schopenhauer
Isso nunca aconteceu
Cabeças completamente estúpidas
ou sobre Montaigne
Quando elas não entendem nada
fazem troça
O boné de linho gruda
na minha cabeça
como se eu o tivesse colado
nenhum efeito
ineficaz
totalmente ineficaz
Como se isso fosse tão fácil
Apesar da atitude
Ela bebe chá de hortelã
e esfrega os pés com camomila
Atreve-se
a contrariar-me no caso de Metternich

Em Gaspoltshofen recusou-se
a engraxar os meus sapatos
grita por Ferruccio
Venha aqui
Ferruccio pula da escada e coloca-se em frente de Bruscon
BRUSCON
Só um homem culto
é um homem
na minha compreensão naturalmente
não na compreensão em geral
por que você não lê
o que eu dou para você ler
por que você não pensa
o que seria para pensar
Jure para mim
que a partir de hoje lerá
o que eu mandar
que pensará
no que eu digo a você
jure
As minhas intenções são sérias com você
sérias e boas
Esta localidade horrível
é um lugar de juramento
Faça o juramento
Jure
Schopenhauer
Spinoza
de repente irritado
Ah saia
tudo isso é inútil
Já em Osnabrück eu fiz você jurar
e não serviu para nada
Ferruccio quer novamente subir na escada

BRUSCON *mandando-o*
Em cima da escada sim
na janela sim
dirigir o carro
grita
Idiota do trabalho manual
Vá logo
continue
Ferruccio sobe na escada
BRUSCON *para si*
Eu queria um gênio
tenho um homem bom
Nada é mais perigoso
do que os homens bons
Ferruccio puxa a cortina
BRUSCON *para si*
Maquinista de cortinas
Maquinador de bobagens
Ferruccio salta da escada e tira novamente chifres e quadros das paredes
BRUSCON *para si*
Quase nada
de mim
neste ser humano
olhando para o chão
Pagar aluguel da sala
eu não sou doido
Duzentos e trinta habitantes
isso não cobre nem mesmo
as despesas
Mas já foi pior
Em Meran não havia
sequer três pessoas
apenas um aleijado
que foi conduzido pela mulher do vestiário

para a primeira fila
A única vez
que não representamos
Aluguel da sala
Em Gaspoltshofen poderíamos
ter representado mais uma vez
Comprometidos em Utzbach
uma loucura
Se eu pessoalmente
grita para Ferruccio
O que você acha
se eu pessoalmente
procurasse o capitão dos bombeiros
por causa da luz de emergência
Com as autoridades não se brinca
uma ridícula ninharia
ganha dimensões
de negócios de Estado
Estou muito velho para isso
e muito fraco
para ir contra o Estado
Um capitão dos bombeiros é capaz
de me aniquilar
estas criaturas têm todo o poder
O que você acha
devo ir até lá
Ferruccio encolhe os ombros
BRUSCON
Não discuta com o Estado
dizia o seu avô
o hospedeiro aparece no batente da porta
BRUSCON *para si*
Este homem repugnante
para o hospedeiro
Então o que há

o que há com a luz de emergência
o que diz o capitão dos bombeiros
o hospedeiro sobe no estrado
BRUSCON
O que diz
o capitão dos bombeiros
HOSPEDEIRO
Ele não estava em casa
BRUSCON
Ah está bom
Ele negou
Provavelmente o senhor
é cúmplice
do capitão dos bombeiros
Não está em casa
onde então ele deve estar
aqui
onde pode ele
ter ido aqui
HOSPEDEIRO
Foi para Gallspach
BRUSCON
Por que o senhor não disse
isso logo
Por que o senhor não disse logo
que ele foi para Gallspach
E quando ele volta
HOSPEDEIRO
Às seis horas
BRUSCON
Se ele volta às seis horas
vá até ele às seis horas
e diga-lhe
que eu insisto
que a luz de emergência seja desligada

na última cena
grita para dentro da sala
Eis aí a humanidade aniquilada
ao hospedeiro
A frase decisiva
antes da escuridão total
Lady Churchill abandona seu marido Winston
e Stálin retira a sua assinatura
então é preciso que esteja totalmente escuro
o senhor compreende
E mais uma coisa
A sua filha só levantou pó
mas não limpou nada
nos peitoris das janelas
encontra-se a sujeira de anos
Se o senhor trouxer para mim um balde de água quente
nós mesmos limpamos tudo
não somos melindrosos
mas onde tem pó
não se pode falar
dá-lhe a entender com a bengala que parta
Agora vá
estamos em plena atividade dramatúrgica
hospedeiro sai
BRUSCON *para Ferruccio*
Nós subestimamos a estupidez
dessa gente
pensamos que eles compreendem
porque nós compreendemos
Engano
eles não compreendem absolutamente nada
Em Utzbach não cobriu nem sequer
a nossa comida
Onde temos as maiores dificuldades
ganhamos menos

Onde tudo é fácil
temos uma bilheteria cheia
é sempre a mesma coisa
Mas afinal representamos
para nós mesmos
para nos aperfeiçoar
não para esta corja do campo
para si pensativo
Em Gaspoltshofen
sem aluguel de sala
em Gallspach
sem aluguel de sala
em Ried no Innkreis
sem aluguel de sala
só aqui nesta
nesta Utzbach
Ferruccio tirou todos os quadros e chifres das paredes e fica parado diante do monte
BRUSCON
Fora
com o entulho
Fora com isto
Ferruccio amontoa tanto quanto ele pode e sai com o entulho
BRUSCON
Um recital de violino
seria melhor
um pequeno violino
debaixo do braço
e nada mais
os músicos
tiraram a grande sorte
Ser ator é complicado
tudo repugnante
o que esteja relacionado
apenas um violino

nada mais
nem mesmo precisamos
de uma mulher para isso
apenas o nosso ouvido
e uma certa destreza com os dedos
Ferruccio entra e apanha novamente um monte de cabeças e quadros e os leva para fora
BRUSCON *para si*
Mas o que é simples
nunca me atraiu
Existi sempre na resistência
no mecanismo do esforço
olhando para o chão
Apenas um violino
Ferruccio entra com um balde de água quente e um pedaço de pano e limpa um após o outro todos os parapeitos das janelas
BRUSCON
Isso seria
trabalho de mulher
absolutamente trabalho de mulher
Mas elas se esquivam
olha para o teto da sala
Ficar na cama
e entregar-se ao ócio completo
meditar sobre o imaginário
pôr os pés num banho de camomila
acocorar-se na janela
para Ferruccio
Hoje tem tosse a sua mãe
amanhã dor de garganta
depois de amanhã novamente tosse etcetera
olhando para o chão
Fetichismo das doenças
para Ferruccio em tom de ordem
Por aqui por aqui

Ferruccio vai num instante com o balde e o pedaço de pano até Bruscon
BRUSCON *levanta suas pernas*
Aqui você deve limpar
aqui aqui aqui
Ferruccio lava sob os pés de Bruscon

Cena 3

Uma meia hora mais tarde
Sobre os cabides os figurinos de Nero, César, Churchill, Hitler,
Einstein e Madame de Staël
Bruscon numa poltrona no fundo da sala
Ferruccio coloca um biombo barroco sobre o estrado

BRUSCON
A irritação
é que conta
nós não estamos aqui
para fazer um favor
às pessoas
O teatro não é nenhuma instituição de benevolência
mostrando o biombo com a bengala
Quando Metternich entra em cena
Lady Churchill pode sem problema algum
ainda estar com o chapéu

ele só cai da cabeça dela
quando ela estiver sentada
A Sara já fez isso muito bem
Mas ela logo o endireita
Metternich está embaraçado
porque pensa naturalmente no Czar Nicolau
Metternich vem ajudá-la
Aí você sempre é um pouco lento
lento por um lado
e precipitado por outro lado
quando ele pensa no Czar Nicolau
e ao mesmo tempo na Lady Churchill
por quem ele realmente não se interessa
quer mostrar uma complacência
ele não pode também se curvar abruptamente você compreende
Ele já é o príncipe Metternich
todavia ainda há nele como é natural algo de Koblenz
O alfinete do chapéu encontra-se diante do biombo
um pouco para lá
indica com a bengala
FERRUCCIO *desloca o biombo perguntando*
Perguntando
Aqui
BRUSCON
Um pouco para lá
agita com a bengala
Aí
aí
Naturalmente que não podemos
deixar nada ao sentimento
Nós planejamos tudo
e sempre estamos de novo no princípio
aí
FERRUCCIO *perguntando*
Aqui

BRUSCON
Sim aí
Ferruccio coloca o biombo
Ele faz
como se não soubesse
onde está o alfinete do chapéu
todo o mundo vê
onde está o alfinete do chapéu
mas ele não o vê
faz Lady Churchill acreditar
que não o vê
naturalmente Metternich já pensa
na entrada de Einstein
Eu sei
que com isso eu poderia destruir a comédia
deixar Einstein entrar em cena
justamente nesse momento
Em Gaspoltshofen eu de propósito
cortei Einstein
enquanto apostei tudo em Madame Curie
indica com a bengala um lugar sobre o estrado
Metternich não sabe
onde está o alfinete do chapéu
ele de certo modo teme Einstein
O czar informou-o dessa obra mal feita
de um certo Dordijaew
mas hábil ele passa por cima
No momento
em que Lady Churchill se curva
eu diminuo a luz
Luz verde sobre Metternich
enquanto eu já estou
em vias de fazer Napoleão
Para ali

FERRUCCIO *perguntando*
Aonde
BRUSCON
Para ali
o biombo ali
Ferruccio desloca o biombo para o lugar onde Bruscon o quer
BRUSCON
Deveríamos ter marcado
com giz
Mas já não temos mais nenhum giz
nesses lugarejos não tem
nem mesmo giz
Assim eu diminuo a luz
quando vocês dois estiverem no chão
Ferruccio desloca o biombo para a direita
BRUSCON
Está muito longe
Com isso não ganhamos nada
e com isso Lady Churchill terá
uma expressão muito pálida
indicando com a bengala
O biombo tem de voltar novamente
Ferruccio obedece a ordem de Bruscon
BRUSCON
Pare pare pare
Ferruccio apanha martelo e prego e prega firme o biombo no assoalho
BRUSCON
Assim está bem
Metternich pode agir muito mais livremente
de repente de chiqueiros vizinhos crescem os grunhidos de porcos
BRUSCON *coloca o lenço diante do nariz e tenta ao mesmo tempo tapar os ouvidos*
após algum tempo
O modo de falar de Metternich

não é agitado
é antes ponderado
e ele naturalmente está
num estado de espírito ideal
pois considera o fato de Lady Churchill saber
que o czar enviou esse despacho para Napoleão
após algum tempo
A princípio eu pensava
deixar sua mãe representar Madame Curie
mas não foi possível
Sara também ainda não é na verdade a distribuição ideal
de certo modo
é tudo um compromisso
mesmo que tenhamos em vista
a mais alta perfeição
é tudo um compromisso
Intriga é preciso que você saiba
nada mais que intriga
A humanidade caiu na armadilha
Você poderia me dar o prazer
de dizer essa frase
na qual se manifesta mais claramente
o caráter de Napoleão
Eu creio que é absolutamente necessário Ferruccio
Ferruccio sobe na rampa do estrado
BRUSCON
Para você é insignificante
mas me alivia
quando ouço essa frase
grunhidos de porcos
Pois bem
No fim das contas é tudo um compromisso
FERRUCCIO *perguntando*
De pé

BRUSCON
Não sentado
sentado naturalmente
Ferruccio busca uma poltrona e senta-se
O que foi
é o que há de ser
a partir daí
assim por favor
FERRUCCIO
Nós não negociamos
sem esses documentos
BRUSCON *mandando Ferruccio*
Mas não
eu disse a partir de O que foi
é o que há de ser
FERRUCCIO
É o que há de ser
BRUSCON
Ao contrário Ferruccio ao contrário
grunhidos de porcos
FERRUCCIO
O que é o que há de ser
BRUSCON
Idiota
Eu disse a partir daí
FERRUCCIO
A partir daí
BRUSCON
A partir daí
FERRUCCIO
Então a partir daí
BRUSCON
Com cabeça bem levantada como é natural
FERRUCCIO
Com cabeça bem levantada como é natural

BRUSCON
Pelo amor de Deus isso não está na minha comédia
isso foi o que eu acabei de dizer
para você
É outono Ferruccio
não se esqueça disso
a estação da colheita
o grunhido dos porcos cessou
por outro lado isso não se deve notar
Em todo o caso não em Madri
onde a cena se passa
A inauguração do Prado você compreende
Variações no parque do Retiro ao fundo
coloca o lenço no bolso
Por um lado você precisa saber disso
por outro não leve em conta tudo
você compreende
o que eu quero dizer
Na Inglaterra tudo ainda ficou intacto
diante da catástrofe
mas aí é que está
A sua experiência você a tem por assim dizer
da Alemanha
tira novamente o seu lenço do bolso do casaco
pense só nos Parerga de Schopenhauer
efeito Nietzsche
assoa-se
é isso que eu queria
que Lady Churchill perca o chapéu
exatamente no momento em que
Metternich entra em cena
põe o lenço novamente dentro do bolso
Está tudo claro
Bom então

FERRUCCIO
O que foi
é o que há de ser
BRUSCON
Você precisa dizer isso com muito mais força
como se você dissesse
que o papa toma chá às quatro horas
você compreende
como se o papa tivesse sido anunciado
um pouco antes
vá
FERRUCCIO
O que foi
BRUSCON *mostra como é*
O que foi
é o que há de ser
FERRUCCIO
O que foi
é o que há de ser
BRUSCON
Não não
O alfinete do chapéu já caiu
quando você diz isso
quero dizer não o alfinete do chapéu
o chapéu
o chapéu já caiu
Metternich já está sentado
ele já está sentado
então ele diz
O que foi
é o que há de ser
FERRUCCIO
O que foi
é o que há de ser

BRUSCON
Justamente por isso você precisaria ter lido Spinoza
faz falta absoluta essa leitura
para mim é sempre uma tortura
precisar confirmar isso
Você teria poupado muitos aborrecimentos
a você e a mim
se você tivesse lido Spinoza
então não precisaria agora
esta disputa estúpida contigo
Assim O que foi
FERRUCCIO
O que foi
BRUSCON
Não não
deixemos isso
Não dará em nada
tudo só piora mais depressa
talvez mesmo tudo já tenha sido ensaiado em excesso
por outro lado não devíamos
ceder em nada ao abandono
Durante a noite eu
com a sua mãe retomamos a cena dos cumprimentos
mais uma vez
tão pouco melhor
este tempo abafado
não serve para o teatro
após se ouvir um suave trovão
Já troveja você ouve
Ao menos uma trovoada
refresca
levanta-se e dirige-se a Ferruccio
A cena dos cumprimentos se liga
ao pensamento de Spinoza
isso é um truque à Schopenhauer

eu poderia mesmo dizer um truque à Bruscon
Às vezes eu penso
que eu sou Schopenhauer
Bruscon é Schopenhauer
Schopenhauer é Bruscon
ideia de reencarnação
homossexualidade espiritual eu penso
de pé no estrado
Naturalmente primeiro se solta o alfinete do chapéu
depois o chapéu cai
primeiro se solta o alfinete do chapéu naturalmente
depois a queda do chapéu
Faça o favor
tudo mais uma vez
FERRUCCIO *estava de pé e senta-se novamente*
O que foi
é o que há de ser
BRUSCON *faz sinal que não*
O todo não me agrada
E se nós suprimíssemos completamente
essas duas frases
Então você diz simplesmente
Ouça Metternich
o perigo foi proscrito
Assim é melhor
melhora substancial Ferruccio
Vamos
FERRUCCIO
O que foi
BRUSCON *batendo com a bengala no ar*
Pelo amor de Deus
eu disse suprimir
FERRUCCIO
Suprimir

BRUSCON
Suprimir O que foi
FERRUCCIO
Ouça Metternich
o perigo foi proscrito
BRUSCON *aliviado*
Excelente
Suprimimos É isso o que foi etcetera
e você diz logo Ouça
Vamos mais uma vez
FERRUCCIO
Ouça Metternich
BRUSCON *interrompe*
Assim está bom
dá a entender a Ferruccio que ele deve lhe abrir caminho e senta-se numa poltrona
A ideia foi
escrever uma comédia
na qual estariam contidas todas as comédias
que jamais foram escritas
Uma ideia absurda sem dúvida
Para Bruscon com certeza inteiramente realizável
para si
a pior acústica que se possa imaginar
Aqui eu mato
o que escrevi
de propósito
mas a minha comédia aguenta
mesmo sob as circunstâncias mais adversas
para Ferruccio
As pessoas precisam ouvir
o que é dito
mas não ouvir muito
as pessoas precisam ver
o que é mostrado

mas não ver muito
como toda a grande literatura dramática
a minha comédia existe
pela palavra
toca as costas, enquanto troveja
Depois dessa noite
não posso mais me mover
Como eu estava saudável ao partir de Gaspoltshofen
é como se fosse a minha morte em Utzbach
Utzbach como Butzbach
Se somos maus alunos
nos tornaremos grandes mestres
dizia o seu avô meu pai
pelo lado materno naturalmente
A palavra é o que importa na minha Roda da História
troveja
Os críticos dedicam-se
aos olhares estúpidos
eles não ouvem mais nada
Ferruccio traz um biombo Império e o abre
BRUSCON
Nós damos o máximo
mas isso não é compreendido
quanto mais renunciamos a nós
maior é o nosso cansaço intelectual
menor é a compreensão da crítica
representamos toda uma vida
e ninguém nos compreende
A senhora Bruscon como Madame Curie e Sara como Lady Churchill entram em cena e sentam-se nas poltronas que trouxeram Ferruccio senta-se perto delas
BRUSCON *que nem mesmo levantou os olhos*
Prisão teatral perpétua
sem a menor possibilidade de perdão
E no entanto jamais desistiu

Prisão como teatro
Dez mil internos
todos sem nenhuma perspectiva
de perdão
Só a pena de morte é a todos assegurada
troveja
olha de repente todos no rosto
Se eu pudesse ao menos vender cerveja
pensei
as mangas brancas arregaçadas de hospedeiro
e vender cerveja
Ser feliz
De fato eu quis uma vez ser hospedeiro
curva-se e examina o assoalho do estrado
Mas tornei-me ator
entrei voluntariamente na prisão
para toda a vida
troveja
levanta-se como que sobrecarregado de dores
Ator do Estado
Teatro de *tournée*
meu Deus
olha em volta para a sala
De certo modo
eu realmente sempre detestei
o teatro de camarote
as pessoas do teatro de camarote
volta-se para os seus, grita
O que vocês fazem sentados aqui
eu não preciso de vocês
agora não
eu quero ficar só
então desapareçam
Todos se levantam e desaparecem

BRUSCON
Raça de sem talento
troveja
pensativo olha para o chão
Aluguel da sala nem pensar
Paguei cento e noventa e oito schillings
pelo jantar em Ried na província de Inn
examina as madeiras do estrado curvando-se e em seguida com as mãos apalpa
troveja
Tudo apodrecido e mofado
Contanto que não nos machuquemos aqui
para dizer a verdade eu deveria
exigir uma indenização
por representar aqui
levanta-se novamente
troveja
Se partimos em *tournée*
eu pensei
de certo modo
isso é um processo de renovação
para o teatro
abaixa-se para o assoalho, sopra o pó e levanta-se novamente
Sempre fiz um teatro
completamente contraditório
olha para dentro da sala debaixo da poltrona
De fato servimos toda a vida
o absurdo
de ter nascido
Fatal construção do mundo
troveja
Existência de erros
olha em volta
cacofônico
idiótico

senta-se na poltrona e olha em volta
Talvez não seja tão boa
a minha comédia
Mundo de dúvidas
Hospedeiro entra pelo fundo sem que Bruscon o note
BRUSCON *pensativo*
Décadas desperdiçadas possivelmente
Surdez repentina eu pensei esta manhã
por causa dos comprimidos de cortisona
No meio da comédia
a audição falha
mas a peça não foi interrompida
o hospedeiro dirige-se lentamente para Bruscon
BRUSCON *cismando*
Sem aluguel da sala
pensão gratuita em Gaspoltshofen
além disso o doutor tratou do meu ouvido
com gotas de suco chinês
olha debaixo do biombo Império
Mesmo com uma surdez completa
eu poderia representar minha comédia
até o fim
troveja
Cegueira
isso seria grave
Surdez é duas vezes menos grave
Colocou gotas chinesas no ouvido
o hospedeiro colocou-se perto de uma janela
BRUSCON *meditativo*
Nero Metternich Hitler
constelação histórica
Churchill o vínculo
As meias tricotadas pela própria mulher do hospedeiro
em Gaspoltshofen
amáveis

pessoas muito amáveis
Feliz acaso
o hospedeiro pigarreia
BRUSCON *como se despertasse, senta-se direito, para o hospedeiro*
É o senhor
O hospedeiro que se aproxima cautelosamente por assim dizer
troveja
o hospedeiro dá alguns passos até Bruscon
BRUSCON
Uma pequena fraqueza
sem dúvida
nada de extraordinário
na minha idade
Uma pequena memorização do texto etcetera
Então
HOSPEDEIRO
O capitão dos bombeiros manda-lhe dizer
que a luz de emergência pode ser desligada
BRUSCON
Pode ser desligada
Sim naturalmente
Seria realmente ridículo
se aqui em Utzbach
insistissem numa proibição
sobre a qual nenhum lugar ainda insistiu
sobre uma das mais ridículas de todas as proibições
troveja
Eu pensei naturalmente
que a luz de emergência seria desligada
o hospedeiro pega da mesa as garrafas de água mineral vazias
BRUSCON
Eu bebo apenas água mineral
um homem de espírito
não pode fazer de outro modo
o hospedeiro quer sair

BRUSCON *o detém*
Em cada lugar eu me informo
se o cemitério é úmido
o cemitério aqui é seco
HOSPEDEIRO
O cemitério é completamente úmido
BRUSCON
Porque de fato
num cemitério seco
mais ou menos é afinal um encharcado
o ideal
o hospedeiro sai sacudindo a cabeça
BRUSCON
Favorece a decomposição
olha em volta
Não foi minha ideia
vir para esta Utzbach
Não menos de quatrocentos habitantes
troveja
eu disse
A cobiça de Ágata
Eu já pressentia
A senhora Bruscon, Sara e Ferruccio (como Metternich) entram vestidos com os figurinos, mas sem máscaras e sentam-se novamente nas poltronas
BRUSCON *que não lhes dá atenção, olhando para o chão*
troveja
Possivelmente eu corte
o terceiro ato
a cena de Churchill
décima sétima cena
décima nona cena
Em Utzbach não foi preciso representar
toda a comédia
Aos porcos

Mas trata-se do instinto de conservação
Colocou gotas chinesas
não quis aceitar nenhum honorário
troveja
Exemplar assinado
da comédia
Há ainda pessoas honestas no campo
Gaspoltshofen foi um sucesso total
troveja
Nos Pré-Alpes a humanidade ainda está em casa
nos Alpes eles são todos corruptos e pervertidos
o turismo os destruiu
olha as horas
Sete horas
Privado da tensão no fim das contas
Mais nenhuma proibição para a luz de emergência
gira em volta e olha os seus
Atores
Atores principais
levanta-se e vai até o meio do estrado
Refleti sobre vocês
não avancei
Nenhuma compreensão de arte
Minha culpa
Minha megalomania
Meu crime
faz sinal para Ferruccio
Ferruccio coloca-se diante do pai
BRUSCON
Como em Gaspoltshofen
décima nona cena cortada
décima sétima cena
a cena de Churchill
todo o terceiro ato
Está na hora

de você montar as cortinas
Ferruccio vai e monta as cortinas especiais em todas as janelas
BRUSCON *para a senhora Bruscon que tossiu o tempo todo*
O único encanto em você
é o encanto da tosse
troveja e começa a chover

Cena 4

Noite
Atrás da cortina
Senhora Bruscon como Madame Curie
Sara como Lady Churchill
Ferruccio como Metternich
com os figurinos e as máscaras nas poltronas

BRUSCON *como Napoleão perto da cortina olhando através de uma fenda para a sala de espetáculo baixinho*
A sala se enche
troveja e chove mais forte
Gente estranhamente pequena
estranhamente pequena
e gorda
olha seus atores
De certo modo
eu realmente não tenho nada

contra essas aldeiazinhas
Onde existe uma vontade
lá está também um caminho
olha seus sapatos e faz sinal para Sara
Venha venha
Sara vai até Bruscon
BRUSCON
Você não engraxou os meus sapatos
faça-os brilhar
depressa
troveja
Bruscon olha pela fenda da cortina, enquanto Sara lustra-lhe os sapatos
A senhora Bruscon levanta-se, estende os braços o mais alto possível e depois inclina-se para frente o mais longe possível, tão longe, que ela toca o chão, tossica várias vezes e senta-se novamente
Ferruccio sacode a cabeça
BRUSCON *para si*
Não pode ser medroso
olha para o teto da sala
Sobretudo não ser medroso
troveja
retira seu pé direito
para Sara
Assim você me machuca
lustrar
não é esmagar
para si
Desolação
troveja
Eu mesmo não sou avesso
a essas regiões desoladas
e digo a mim frequentemente
olha para seus atores
quanto mais desolador

tanto mais querido
Para onde quer que se olhe
nenhuma perspectiva
Sara termina de engraxar os sapatos de Bruscon, e senta-se na sua poltrona
BRUSCON *depois de ter olhado através da fenda da cortina*
Apenas porque acreditamos em nós
é que resistimos
que suportamos
troveja
o que não podemos mudar
porque acreditamos na nossa arte
coloca-se diante dos seus atores
Se não tivéssemos esta fé
mesmo que se trate só da arte dramática
estaríamos há muito tempo no cemitério
troveja
Nada nos interessa
como a nossa arte
mais nada
vai até a cortina,
olha através
olha os
atores
Possessos de loucura
de um certo modo sem vergonha
Passando sobre cadáveres evidentemente
troveja
Inúteis de um certo modo
incorrigíveis
olha através da cortina e depois novamente para seus atores
Assim escapamos
da decadência
dos teatros do Estado

para si
Nunca mais num teatro do Estado
Como eu odeio a palavra camarote
troveja
olha através da cortina
Só aqui no fundo podem ficar de pé
mais de duzentas pessoas
Oitocentos e trinta espectadores
em Gaspoltshofen
Mas em Utzbach tem apenas
um pouco mais de duzentos habitantes
Minha comédia é de tal maneira
que mesmo o último lá no fundo
compreende tudo
a minha comédia é a grande arte
nenhuma mania de segredos
de um certo modo eu sou sempre
um fanático pela verdade
dirige-se até os atores
coloca-se diante da Senhora Bruscon, que
durante todo o tempo tossiu
Madame Curie
era uma polonesa
não esqueça disso
Eu não gosto do povo polonês
troveja
não incondicionalmente
Sensacionalistas
Beatice
Católicos
insípidos
mas a Madame Curie
eu sempre a amei
você não a representa de modo
que eu a possa amar

mas eu não deixarei que você
livre Madame Curie de mim
Figura histórica
grandiosa figura histórica
para a Senhora Bruscon diretamente
Maquiagem desleixada
Justamente a Madame Curie
fica bem com muito preto em volta dos olhos
faz sinal a Sara para que ela lhe traga a caixa de maquiagem
Então depressa traga para mim
a caixa de maquiagem
troveja
Sara vai buscar a caixa de maquiagem e Bruscon aplica uma maquiagem preta sobre a cara da senhora Bruscon
BRUSCON
Mais preto em volta dos olhos
eu sei que você tem medo da cor preta
É nojento
todas as vezes ter que destacar novamente
a cor preta na sua cara
a senhora Bruscon tosse
BRUSCON
Tosse
imaginária
hipocondríaca
maquia tanto a cara dela, que quase fica completamente preta
troveja
A era atômica minha querida
toda a era atômica
deve estar na sua cara
troveja terrivelmente
Mais ou menos
o fim do mundo
na sua cara
finalmente maquia completamente a cara dela de preto

Eu sempre disse que
Madame Curie
deve ter uma cara completamente preta
Não compreendo
porque você não obedece a minha ordem
a senhora Bruscon tosse
BRUSCON
Você fica muito tempo deitada na cama
Mal chegamos
você se esconde na cama
enquanto eu tenho que fazer
todo o trabalho
Natureza infeliz
Esposa
O cabelo está
muito solto
recebe de Sara um pente
Penteado com rigor
é o que eu sempre disse para você
você os deixa desgrenhados
penteado com todo o rigor
à maneira polonesa
as polonesas penteiam os cabelos com todo o rigor
todos os poloneses penteados com rigor
penteia o cabelo dela até que ele esteja completamente liso
Madame Curie era feia
troveja
eu sei
que você quer ser uma pessoa bonita
no teatro
mas então você não pode
representar Madame Curie
Eu não tenho uma Pompadour
na minha peça
Na minha peça não aparece nenhuma cortesã

Afinal não é uma peça de prostitutas
é uma peça clássica
puxa seu figurino, endireita as mangas no lugar,
dá um passo para trás
Se eu apenas pudesse
insuflar-lhe vida
infelizmente você permanece tão rígida
como quando eu a conheci
troveja
Pensei
que eu poderia soltar você
insuflar-lhe vida
Que erro
recua mais um passo
Mas a Madame Curie
também era uma pessoa rígida
uma polonesa extravagante
completamente rígida
no fundo do mesmo modo pouca inspirada como você
esta é que é a verdade
extremamente aborrecida
como prova a história
de certo modo sem graça
e completamente polonesa
Só que ela desintegrou o átomo
e você só nos incomoda
com a sua tosse
vai até a cortina e olha através
troveja
O senhor prefeito já está aqui
Curiosamente um grupo de escolares
vira-se para seus atores
Um grupo de escolares
olha através da cortina
Meia entrada

mas ainda assim lucro
lucro ainda assim
Em Gaspoltshofen eles
imprimiram cem cartazes
aqui nem sequer são trinta escritos à mão
escrita desajeitada
texto horripilante
para seus atores
Eu me chamo Bruscon
disse ao hospedeiro
não Buscon
como está nos cartazes
e a Roda da História
é escrito com H
e não com I
olha através da cortina
Mas mentiria
troveja
se afirmasse
que em Gaspoltshofen
minha comédia foi compreendida
As pessoas não economizaram
com os aplausos
Sempre esse fedor de chiqueiro de porco
penetrante
Pessoas estranhamente aleijadas
Deformações muito interessantes
para seus atores
Um paralítico
num carro de paralítico
notável
olha através da cortina
troveja
Nós não podemos girar para trás
a Roda da História

eu disse ao prefeito
A minha peça é um ato de advertência histórica
eu disse ao prefeito
troveja
Revolucionário
de certa maneira
Artista dos jogos de palavras
que também não despreza
a piada barata
para seus atores
A sala enche
Provavelmente de visitantes
vindos também das redondezas
percebe-se isso
Fome de instrução
Povo aspirante à cultura
vai até os atores
para diante de Ferruccio
Mais uma caricatura
de Metternich
péssima a maquiagem
extremamente péssima a postura
parece com Metternich
eu diria
efetivamente semelhança
com Metternich
faz sinal para Sara aproximar-se dele com a caixa de maquiagem
Sara vai até ele
BRUSCON *maquia Ferruccio*
A cara não é tão mole
contradiz o espírito de Metternich
Metternich é o maior
subestimado como nenhum outro
troveja
e hostilizado

Porte elegante
A elegância não é prejudicial
ao espírito
isso sim seria um absurdo
A elegância ao contrário eleva
o espírito
eleva-o
Espírito é elegância
efetivamente
puxa o figurino de Ferruccio
Uma pequena ceia eu penso
comida leve
com este tempo abafado
troveja
Teria sido loucura
aqui em em em
FERRUCCIO
em Utzbach
BRUSCON
Aqui em Utzbach
tocar Mozart
como música de entreato
Verdi faz o mesmo
o mesmo Verdi faz
Italianitá
Italianitá
aperta firme os laços dos sapatos de Ferruccio
e levanta-se novamente
Como se fosse aqui a minha morte
vai até a cortina e olha através
troveja
Os açougueiros têm uma bela relação
com a arte dramática
vira-se para os atores
Como em Gaspoltshofen

comi um pato
hoje tenho vontade
de um bom pedaço de lombo assado
Os melhores atores
devem comer carne diariamente
O vegetarianismo
não se dá bem
com a arte dramática
para a senhora Bruscon diretamente
Só você acredita
poder sobreviver
durante muito tempo apenas
com legumes
e essas saladas horríveis
Que aspecto você tem
Uma vergonha para o teatro
uma vergonha para o sexo feminino
a senhora Bruscon defende-se calada com um gesto
com a mão direita
BRUSCON
Filha de mestre de obras
Minha proletária
minha querida proletária
a senhora Bruscon de repente solta uma gargalhada
BRUSCON *a trata mal*
muito furioso
Como você se atreve
para Sara
Sara minha filha
a nossa mãe é uma louca
troveja muito forte
olha através da fenda da cortina
A sala enche
olha para o relógio
Sete e vinte

Aproximadamente cem pessoas
Mas eu também sofri realmente
toda a vida
por ter que ser ator
Se não maltratamos nós mesmos
não conseguiremos nada
talvez
troveja
eu sou megalomaníaco
vira-se para seus atores
como minha peça
olha através da fenda da cortina
ou então não
Mas quando as pessoas
compreendem a minha comédia
não tenho mais nenhuma vontade
de representá-la
troveja
A nossa vantagem é
que não acusamos ninguém
apenas nós mesmos
Necessidade de acusar a si mesmo toda a vida
vira-se para seus atores
Shakespeare
Goethe
Bruscon
esta é a verdade
como se tivesse calafrios
Medo de morrer de frio
olha através da fenda da cortina
Sempre odiamos a comodidade
troveja muito forte
Nós pregamos
e eles não compreendem
faz sinal para Sara

Sara vai até Bruscon
ambos olham através da fenda da cortina
BRUSCON
Profundamente
filosófico minha filha
estrondo de trovão terrível que não acaba mais
Bruscon e Sara olham para a senhora Bruscon e Ferruccio, que
assustados se levantaram num pulo
Bruscon fitando o teto da sala, através do qual já chove, enquanto
na sala ouvem-se gritos
A casa paroquial está queimando
a casa paroquial está queimando
está queimando
a casa paroquial está queimando
todos os espectadores fogem
Bruscon e Sara olham através da cortina, até que a sala fica vazia
BRUSCON *depois de algum tempo*
A sala está vazia
vazia está a sala
completamente vazia
chove sobre todos
SARA *abraçando seu pai, beijando-o na testa, muito afetuosa*
Meu querido pai
traz para ele uma poltrona, na qual ele sucumbe
BRUSCON *depois de um tempo, durante o qual troveja muito forte*
e a chuva aumentou até o máximo
Como se eu tivesse previsto

Cortina

SOBRE A PEÇA

Um primeiro contato com um texto teatral pode ocorrer através do seu título. Nesse sentido, a escolha do título de uma obra pelo seu criador revela seus objetivos e intenções logo na apresentação do novo empreendimento. Dentre a gama de alternativas dessas intenções e objetivos, ele pode visar simplesmente a divulgação do seu trabalho, chamar a atenção dos leitores, instigando-lhes à leitura, ou preparar o encaminhamento da recepção da obra, ou seja, criar expectativas com a obra. Não é diferente com Thomas Bernhard. Ao nos defrontarmos com sua peça *O Fazedor de Teatro*, de 1984, notamos de antemão que essa denominação nos conduz ao universo do teatro. E ao lermos somos efetivamente introduzidos no mundo do teatro, guiados por Bruscon – ator do teatro nacional alemão, que, depois da sua aposentadoria, faz *tournées* pelo interior da Áustria e da Alemanha com a sua companhia. Na peça, podemos constatar que Bruscon aglutina e carrega consigo todas as funções relativas ao fazer teatral: foi ele quem escreveu e dirigiu a peça. Nesse detalhe, o protagonista assemelha-se, ou melhor, somos levados a pensar que ele atua como nomes significativos da história do teatro, que vão de Shakespeare, passando por Molière e chegando mais recentemente a Steve Berkoff, dentre outros. Além disso, Bruscon se preocupa com as funções administrativas e financeiras da companhia, que é de ordem familiar: os componentes do grupo são sua esposa, sua filha e seu filho. Ele faz questão de que tudo seja e continue assim, para que tenha controle sobre tudo e todos.

Porém, o título da peça carrega também outro forte significado, pois trata-se da expressão idiomática metafórica da língua alemã *Theater machen*. Tal expressão está associada ao ato de se fazer escândalo ou cena, muitas vezes fruto de uma reação excessivamente violenta a coisas sem importância. Bruscon materializa esse comportamento e atitude durante todo o decorrer da peça. Assim, o título nos direciona a pelo menos dois sentidos presentes na obra: além de nos revelar um Bruscon como essencialmente homem de teatro, nos mostra, também, um grande causador de pequenos escândalos. Num sentido mais amplo, ainda podemos ver, em *O Fazedor de Teatro*, as ideias e críticas do próprio Thomas Bernhard ao fazer teatral na Áustria e na Alemanha, no período que compreende 1970 até a época em que escreve esse trabalho. Ou seja, a abordagem e a visão do teatro de Thomas Bernhard ganham voz nesse texto de 1984.

A dramaturgia de Thomas Bernhard é exemplar quando paramos para verificar as relações dos títulos de suas obras dramáticas com as temáticas por elas desenvolvidas. Parece que giram em torno dos mesmos temas e assuntos, como se ele desse continuidade a um discurso sem fim. Bernhard repisa e repete as mesmas problemáticas, as mesmas preocupações e agitações que o motivavam e o moviam para esse tipo de escritura. Seus temas são reiterados obsessivamente, o que gera no leitor e no espectador a impressão e a sensação de já termos lido ou visto o que se lê ou assiste: temos acesso ao monólogo do próprio autor. É como se pudéssemos auscultar seus pensamentos, perceber a sua existência por meio da sua escritura. Nesse sentido, a leitura e encenação de suas peças mostram-se um singular desafio. Assim, é possível pensarmos numa classificação dos seus textos dramatúrgicos a partir da titulação e das temáticas apresentadas nos mesmos. Por mais precária, insuficiente ou reducionista que uma classificação possa ser, vale a tentativa de relacioná-las e reuni-las, com o escopo de verificar as recorrências e as obsessões desse dramaturgo.

De certa forma, podemos dizer que as peças de Thomas Bernhard têm como tema forte as artes, sob os mais diversos pontos de vista, matizes e escalas. Como subtemas, elas especulam a arte de viver entre abandonos, autoritarismos, baixezas, catolicismo, chiqueiros, doenças, hospitais, mortes, músicas, nazismo, solidões, suicídios, sujeiras, teatros. Grande parte dos títulos está relacionada às artes cênicas, principalmente ao teatro, mas também ao circo e à ópera. Eis os títulos e temas abordados: *O Ignorante e o Louco* (ópera e saúde); *A Força do Hábito* (circo, música e ensaios); *Minetti* (teatro e ator fracassado); *No Alvo* (teatro e dramaturgia); *As Aparências Enganam* (circo e teatro); *Ritter, Dene, Voss* (teatro e filosofia); *Simplesmente Complicado* (teatro e misantropia); *Dramolette* (*Claus Peymann Deixa o Bochum e Vai Como Diretor Para o Burgtheater em Viena*) (teatro e ironia); *Claus Peymann Compra Para Si uma Calça e Vai Comer Comigo* (teatro e ironia); *Claus Peymann e Hermann Beil no Sulzwiese* (teatro e ironia). Títulos que estão associados à arte da política: *A Sociedade da Caça*; *O Presidente*; *Antes da Reforma*; *Praça dos Heróis*; *O Almoço Alemão*; *Dramolette* (*Um Morto*; *O Mês de Maria*; *Partida de Futebol*; *Absolvição*; *Sorvete*; *O Almoço Alemão*; *Tudo ou Nada*) (arte política); *Uma Festa Para Boris* (poder da enfermidade física); *Os Célebres* (todas as artes burguesas); *Immanuel Kant* (arte do pensamento e filosofia); *Sobre Todos os Cumes Há Calma* (carreira artística); *O Reformador do Mundo* (a arte do pensamento sobre a destruição do mundo e a ausência de esperança); *Elizabeth II* (culto ao mito). Todos esses temas foram tratados acidamente, artisticamente, criticamente, cruamente, derrisoriamente, ironicamente, grotescamente, provocativamente, repetidamente, sem escrúpulos.

Outra particularidade em Thomas Bernhard é que a grande maioria da sua obra, principalmente a dramatúrgica, é introduzida por uma epígrafe – ou mais de uma. Assim como o título da peça, a epígrafe funciona como direcionamento e encaminhamento para o objetivo da obra ou para a sua fundamentação. Detectamos aqui, então, um recurso épico, no sentido de que a epígrafe nos revela e antecipa o que iremos ler, ouvir e ver. Por outro lado, a partir dessas epígrafes, podemos perceber ainda a importância e influência que os autores das mesmas tinham e tiveram para Thomas Bernhard na sua educação, formação, pensamento e prática. Eis alguns nomes que influenciaram ou instigaram o escritor e o homem Thomas Bernhard, na filosofia: Voltaire, Pascal, Novalis e Diderot; na literatura: Alexander Block e Henry James; na política: Mussolini; e no teatro: Artaud, Kleist e Shakespeare.

A própria epígrafe de *O Fazedor de Teatro*, que é uma parte de um dos muitos monólogos de Bruscon, ironicamente já nos revela as artimanhas deste fazedor de teatro, que desde muito cedo também fora armador de armadilhas. Teremos em Bruscon este armador de armadilhas; mas o armador de armadilhas às vezes pode ser vítima de suas próprias armadilhas e daquelas que o destino lhe prega. E é o que acontece em *O Fazedor de Teatro*.

É interessante observar que, de certa forma, Thomas Bernhard não foge à estrutura aristotélica da regra das três unidades. Em *O Fazedor de Teatro*, temos a unidade de espaço muito bem definida. A ação da peça se desenvolverá num único ambiente: salão de baile da hospedaria do Veado Negro, em Utzbach, pequena cidade do interior da Áustria. Já a unidade de tempo transcorre num período inferior às 24 horas clássicas. São três horas da tarde quando a companhia de Bruscon chega à hospedaria e é noite quando os atores, já prontos, aguardam o público para a apresentação. Quanto à ação, se podemos falar de uma maneira simplificada, numa linha contínua ela se desenvolve a partir da chegada da trupe ao local da representação, segue com a preparação para que a apresentação ocorra, e se desenrola até o momento antes da entrada da trupe em cena. Assim, essa peça é, quanto à forma de sua estrutura, uma peça clássica, mas não com relação ao desenvolvimento do seu conteúdo.

Quanto às personagens, das sete, cinco são individualizadas por meio da nomeação, como segue: Bruscon, o fazedor de teatro; Agatha, sua esposa; Ferruccio, o filho deles; Sara, a filha deles; e Erna, que é a filha do hospedeiro e da hospedeira. Estas duas últimas personagens não serão chamadas pelo nome durante toda a encenação. Percebemos, nesse procedimento, uma maneira de serem "apresentadas" as personagens de acordo com o teatro de Bertolt Brecht, que enfatizava a função e a classe social às quais elas pertenciam. Mas, apesar do número de personagens ser relativamente grande, apenas Bruscon parece ter posse da palavra. Tudo o que as outras personagens fazem é escutar e, quando muito, responder de modo lacônico o que lhes é perguntado. Podemos dizer, então, que ao invés do diálogo, da conversação, temos aqui um monólogo. Bruscon é o centro, o manipulador de marionetes, o fazedor de teatro.

Roland Barthes disse que a teatralidade é tudo menos o texto. Mas em *O Fazedor de Teatro* a palavra tem um papel que transcende a sua função e propriedade de texto. A entrada em cena de Bruscon já é teatral, o seu figurino e acessórios nos remetem a uma elegância perdida: chapéu de aba larga, bengala e um sobretudo, apesar do clima abafado, que anuncia uma tempestade. A essa decadência está associado o ser desagradável já na primeira cena e primeira fala: Bruscon demonstra arrogância, uma pseudo superioridade e nenhuma modéstia ao se autopromover, ao se autoelogiar. Revela, também, a sua tirania familiar que se estende àqueles que lhe servem ou estão próximos. Ele se diz "um espírito tão sensível, num corpo tão sensível", mas não é o que notamos nas suas relações com os outros.

Mostra com frequência o seu interesse econômico, pontuado pela mesquinharia. Recusa-se a pagar o aluguel da sala várias vezes. Cuida da contabilidade e de toda a parte financeira da companhia, sempre preocupado com a lotação, incomodado com as meias-entradas e os convites. Olha através da cortina para certificar-se da lotação. É um administrador de teatro e quer a sala sempre cheia. Há um certo parentesco com o *Avarento*, de Moliére, mas gosta do bom e do melhor. Também são notórias as suas manifestações de glutão, ao referir-se à Sopa Frita e a como os atores devem se alimentar. Vangloria-se por ter escrito a *Roda da História*; para ele, comédia gênese, a obra do século. Em sua megalomania, deu-lhe o subtítulo de *A Comédia da Humanidade*. A peça deveria ser representada em Utzbach, mas não será. Em sua estada na cidade, demonstra abertamente desprezo e preconceito pela população local. Como uma máquina desenfreada, durante a peça inteira ele fala sobre tudo e todos. Como uma metralhadora, dispara o seu verbo. Entremeia os seus longos monólogos com apontamentos sobre o gênero da sua peça – metateatro; a sua comédia seria uma tragédia, com assuntos triviais. Dentre eles, um é recorrente: a comida, a alimentação. Há pequenas intervenções do hospedeiro, mas percebemos que estas servem, principalmente, para que Bruscon respire; pois nenhuma nova informação ou mudança de rumo, seja no enredo ou na ação, são introduzidas. O hospedeiro, muitas vezes, só repete as últimas palavras que lhe foram ditas e Bruscon continua com o seu monólogo.

Thomas Bernhard carrega na tinta ao construir suas personagens. Trata-se da estética do exagero, que busca na realidade matizes que serão ampliados, aumentados, duplicados, multiplicados, reforçados. Empresta da realidade fatos ocorridos na sua prática e vivência para torná-los ficção. Reaproveita-os, como material de ficção, crítica e sarcasticamente. É o que ocorre em *O Fazedor de Teatro*, ao retomar, nessa peça, o caso que acontecera em 1972, no Festival de Salzburgo, quando da apresentação da peça *O Ignorante e o Louco*. A organização do festival, junto com o corpo de bombeiros da cidade, não permitiu que as luzes de emergência do teatro fossem apagadas para que se produzisse a escuridão total que Thomas Bernhard prescrevia em sua peça e que o encenador Claus Peymann exigia. Essa é uma das empreitadas que Bruscon empreenderá no decorrer de *O Fazedor de Teatro*. Bruscon tem uma implicância desenvolvida contra os bombeiros – os homens do poder que não permitiram o apagar das luzes –, pois o ponto alto da sua comédia é a escuridão absoluta.

O tema saúde e, por proximidade, médicos são recorrentes e frequentes em Thomas Bernhard. Contraditório, Bruscon, ao mesmo tempo que se faz de forte, demonstra e fala da sua fragilidade. Sofre dores contínuas na cabeça, na garganta, nos pés, na coluna, nos ombros. Tem problemas nos rins e, de modo grotesco, está sempre banhado em suor. Por outro lado, não tolera os problemas de saúde nos outros, e critica a sua esposa que tosse o tempo todo: ela sofre dos pulmões e a turnê nada mais é que uma sugestão dos médicos em função da saúde da sua esposa. A tosse da sua esposa, que é atriz, e que ocorre em momentos cruciais do texto, da encenação, representa uma ironia direta direcionada à tosse do público em óperas e em teatros. Segundo ele, a atriz desperdiça o texto que diz e os espectadores não a ouvem, porque ambos tossem. Quando chama sua esposa de hipocondríaca, novamente a ironia entra em cena sendo percebida de imediato pelo espectador, que, nesse momento da peça, já sabe muito bem quem é Bruscon, ou seja, um hipocondríaco ordinário reclamando o tempo todo de dores no corpo inteiro. Parentesco com *O Doente Imaginário* de Molière? Bruscon é facilmente sugestionável pelo que os outros dizem. Se alguém diz que se sente doente, Bruscon, no mesmo instante, afirma que quem está doente é ele: seu coração o assusta constantemente; queixa-se do excesso de trabalho, pois tem a saúde abalada etc. Não escapa das suas observações nem a filha dos hospedeiros, Erna, que tem glaucoma. Mas não seria Bruscon quem se tornou incapaz de ver que os tempos são outros e que ele já não é mais um ator nacional, do Estado? E numa clara referência à sua própria doença, Thomas Bernhard, por fim, aproveita o tema para autoironiza-se ao colocar, na boca de Bruscon, o seguinte texto: "Gente difícil os tuberculosos apenas suportáveis donos do mundo por assim dizer fanáticos pela infâmia."

Bruscon, exigente e consciente da sua profissão, reclama das condições de trabalho. Reclama da sujeira do espaço, pois cada palavra faz levantar pó no recinto. Diz, também, que a umidade devora tudo, que tudo ali é contra o instrumento da voz humana: onde há pó e umidade, não se pode falar. Queixa-se do espaço, do clima e do ambiente que interferem no trabalho do ator. A sujeira e o mau cheiro estão presentes em todo canto. Como as condições não são das mais adequadas, ele se sente no direito de exigir uma indenização por representar ali. Tem mania de limpeza. Obsessão. O clima abafado não é bom para o teatro.

O clima durante todo o transcorrer da peça indica e aponta para o prenúncio de uma tragédia anunciada, como em Shakespeare. O clima abafado gradativamente altera e interfere no comportamento de Bruscon. Ele experimenta, com o decorrer do tempo e da ação, o calor sufocante, a tempestade que se anuncia no ar, trovões, chuva, relâmpagos, raios, fogo, água.

Glutão no seu dia a dia, Bruscon é grotesco em sua obsessiva preocupação com a comida. Está sempre comentando sobre a sopa frita e os lugares onde servem a melhor sopa frita. Fala de um queijo de sessenta quilos que recebeu como pagamento e quer passá-lo para frente, pois ninguém na sua família gosta daquele tipo de queijo. Volta a referir-se à sopa frita. De maneira grotesca, entremeia o discurso sobre comida com a falta de latrina e de urinol de alguns restaurantes de hospedarias da Áustria. De novo fala da sopa frita. Descreve como uma garçonete, após servir salsichas, cortou as unhas muito próximo da mesa em que a trupe fazia sua refeição. Diz que a sopa frita pode ser chamada de sopa da existência. Reclama do preço da comida. Menciona a sopa frita. Comer e beber. Sopa frita. Gosta do bom e do melhor. Sopa frita. Cita que os açougueiros têm uma bela relação com a arte dramática. Seria uma referência a algumas das personagens de Brecht ou à proximidade do Globe Theatre com um matadouro? Sopa frita. Pouco antes de entrar em cena, conjetura que os melhores atores devem comer carne e que o vegetarianismo não se dá bem com a arte dramática. Cita a sopa frita como a única especialidade da culinária austríaca que merece ser mencionada.

Há uma declarada misoginia nas atitudes e falas de Bruscon, um machismo exacerbado. Isso se dá mais notadamente em suas referências a Agatha, sua esposa e atriz da companhia, que, segundo ele, não decora o texto. No entanto, reconhece a necessidade de mulheres no teatro. É interessante observar que não ouvimos, em toda a peça, uma única palavra ou reclamação de Agatha. Mas ela, que aparece no palco só na quarta cena, a cena final, é onipresente nas menções e citações de Bruscon. Este ora assevera que a mulher atrai o homem da região mais bela para o buraco mais horrível, onde o homem acaba caindo só por causa da mulher; ora afirma que as mulheres não são tão hábeis, visto que, em suas palavras, as mulheres fazem teatro, os homens são teatro; ora reclama para um dos filhos que Agatha é uma antiteatro, mas que foi justamente por isso que ficou com ela; ora desfaz-se dela, dizendo que o seu único encanto é a tosse; ora argumenta que a relação com as mulheres é difícil, dando como exemplo a sua esposa, que para ele nunca foi boa, nunca o compreendeu e é uma dissimulada em todos os sentidos, como todas as outras mulheres.

Mas não se contenta em atacar sua própria esposa com seu machismo misógino, e estende suas críticas às mulheres à filha, Sara. Para ele, mãe e filha são cúmplices, além de se mostrarem o ponto mais fraco da sua comédia. Ele se convence de que a filha torna-se, a cada dia, mais parecida com a mãe. No que se refere à arte, por exemplo, vê semelhança entre as duas, já que, em sua opinião, as mulheres sempre foram um obstáculo e os homens não têm necessidade do sexo feminino, que é desprovido de qualquer noção de arte. Num rasgo de extremo machismo, diz que limpar as janelas seria um trabalho mais condizente com a mulher, embora elas se esquivem dessa tarefa. Ressalta que as mulheres são ambiciosas, cobiçadoras, e que sua esposa, ainda por cima, é preguiçosa, ficando deitada na cama quase o tempo inteiro, obrigando-o a fazer também todo o trabalho braçal. Por fim, arremata todo seu ódio e preconceito pela mulher, assegurando que a mãe dos seus filhos é uma louca, além de ter origem proletária, pois Agatha é filha de um contramestre, o que a torna mais indigna ainda perante os homens. Mas algo além está embutido nesta misoginia desenfreada; Bruscon esconde e disfarça a sua misantropia. *O Misantropo*, de Molière?

Em sua relação familiar, tiranicamente todos estão a seu serviço e a seu dispor. Autoritário, dá as ordens e recrimina o tempo todo; não tolera nenhuma contestação ou desobediência dos familiares. Chega mesmo a partir para a agressão física, a fim de ratificar o seu poder. Reconhece o conflito de gerações com os filhos e que nenhum deles herdou seu talento. Eles têm habilidade para a massagem, mas não para a arte dramática. Reconhece, também, a sua falha como professor dos filhos, mas só para, com frequência, forçá-los a dizerem que ele é o maior ator de todos os tempos. Bruscon solicita e tem necessidade de ouvir todos os dias essa afirmação, mesmo que seja declarada sob coação. Ele sabe que tem o poder e o exerce. Tendo todos a sua mão, transita facilmente entre o amor e ódio. Em alguns momentos da peça, seria admissível falar sobre uma insinuação incestuosa dele com a filha Sara. Deseja sempre ficar a sós com ela, acariciando-a. Sente uma grande decepção e desilusão em relação ao filho Ferruccio, pois queria que ele fosse um gênio e é apenas um homem bom. Não vê nesse filho nada dele próprio. Apesar de ter lhe dado o nome de Ferruccio em homenagem ao grande compositor, pianista, professor e maestro italiano Ferruccio Busoni (1866-1924), não tem esperanças com o rapaz.

Ainda no aspecto da relação de amor e ódio de Bruscon para com as pessoas e as coisas, se sobressai aquela dirigida à Áustria.

Aqui há um ponto de semelhança e contato com o que Thomas Bernhard, com frequência, disse e escreveu sobre a Áustria. A imagem que Bruscon cria ao falar da sua terra não é das mais positivas; ao contrário, prevalece a crítica, num tom depreciativo e por vezes grotesco. Começa por dizer que a terra onde estão preparando o espetáculo, Utzbach, é um castigo de Deus. Que ali tudo está contaminado. É uma fossa. Que as pessoas dali são asquerosas, gente estranhamente pequena e gorda. O hospedeiro tem mau hálito. Acentua e reforça os aspectos e as imagens repugnantes e grotescas. E por meio de uma ironia direta, afirma que em Utzbach não há nem sequer incêndios. Mais tarde, a respeito disso pagará com a própria língua. Diz que a Áustria é um Estado completamente estúpido, povoado por pessoas completamente estúpidas. Afirma que pouco importa com quem fale ou quem o ouça, percebe de cara tratar-se de um imbecil, analfabeto, nacional-socialista, católico, em suma, são apenas um bando de idiotas. Nem a alimentação fica de fora de sua crítica, pois menciona todas as "monstruosidades" da gastronomia austríaca. Sente que representa numa fossa, no abscesso purulento da Europa, onde tudo cheira mal, tudo revira o estômago. Crítico contumaz de tudo e de todos no que se refere à Áustria, diz que, nesse país, onde há um homem há um nazista: ali todos os homens são Hitler, todos os retratos de homens representam Hitler, todos na verdade são Hitler. Para ele, na Áustria tudo se torna doente, tudo é repugnante, tudo é deformado. Tem verdadeiro ódio pela Áustria que, segundo ele, não vale o papel no qual são impressos os seus prospectos. Repugnância à Áustria.

De forma simbólica e metafórica, Bruscon associa os austríacos aos porcos, mamíferos que comem praticamente de tudo e têm o hábito de remexer e revirar o lixo à procura de alimento além de chafurdarem na lama. Em Utzbach, o cheiro de porco é sentido em todos os cantos. Há chiqueiros de engorda deles por onde quer que se vá, inclusive na hospedaria onde Bruscon fará a representação da sua *Roda da História*. A imagem de sujeira, de porcaria em diversos âmbitos é evocada pela imagem do porco relacionada ao indivíduo sujo, mau caráter e de moral baixa. Nesse sentido, católicos e nazistas são colocados por Bruscon nessa lista. Ali só há engordas de porcos e nazistas. O ruído dos suínos também o incomoda e é ouvido por todos os lados. O porco é colocado como símbolo da sociedade e da cultura austríaca.

Dentro da estética do exagero, Bruscon é megalomaníaco e detalhista. Vangloria-se ao falar das personagens que já interpretou em sua carreira e das localidades onde os apresentou, como o Fausto em Berlim e o Mefistófeles em Zurique, as grandes praças do teatro de língua alemã. Aqui temos, novamente, uma de suas características, que é a duplicidade e contradição de caráter, ao mesmo tempo que revela uma maleabilidade e capacidade de ir de um extremo ao outro se pensarmos nas "personalidades" dos papéis atuados por ele. Ele passa de um estado a outro sem muita cerimônia e muda de assuntos ao seu bel prazer, sem que haja uma indicação clara ou óbvia.

Sofre e provoca interrupções. Interroga se foi para isso que frequentou as academias e foi condecorado com a cruz de faixa dourada. Através de um jogo de palavras, indica milimetricamente ao hospedeiro o lugar exato onde deve ficar a mesa, repetindo o mesmo advérbio de lugar diversas vezes: ali, ali, ali. Confessa-se um altruísta. Sem falsa modéstia, compara-se a Voltaire e Shakespeare. Vai mais longe, ironicamente, ao falar de uma homossexualidade espiritual quando se compara a Schopenhauer: "Às vezes eu penso que sou Schopenhauer. Bruscon é Schopenhauer. Schopenhauer é Bruscon, ideia de reencarnação, homossexualidade espiritual."

Bruscon carrega na teatralidade de suas palavras, por vezes tornando-se trágico em sua eloquência. Pergunta com frequência se são eles que fazem teatro, ou o mundo que está doente. Sempre se coloca como vítima das situações em que se encontra num aspecto desfavorável. Diz ser vítima da própria paixão. Não se sente mal, ou não tem noção do que fez, ao desdenhar e desprezar os que estão à sua volta, como, por exemplo, quando diz que o hospedeiro naturalmente não tem nenhuma ideia sobre as coisas. Ou ainda quando diz à própria filha, diretamente, que ela se tornou uma estúpida. E ele sabe que não terá resposta ou reação a nenhuma das suas imprecações e provocações. Ela, a filha, ele revela que é a sua grande decepção e que ela sabe disso. Contraditório, diz que a população daquela cidade não merece que uma companhia de teatro, como a dele, represente ali, mas que, apesar das adversidades, fará o melhor possível. Só que nós, leitores e espectadores, sabemos que essa "grande companhia" encontra-se em petição de miséria; até os sapatos foram remendados. Porém Bruscon não admite o próprio diletantismo.

Paradoxal, depois de mobilizar seus dois filhos, de mover mundos e fundos para ter uma água mineral de determinada marca – Römerquelle – diz, ao tê-la em mãos, que a verdade é que ele detesta água mineral. É uma delícia, mas ele detesta.

Autointitula-se um clássico e tem certeza de que logo será reconhecido no mundo todo. Bruscon se acha importante o suficiente para mudar a opinião do capitão do corpo de bombeiros, outra personagem onipresente na torrente do seu discurso, embora ausente de corpo durante a peça inteira. O capitão dos bombeiros é alvo predileto das suas admoestações, ao mesmo tempo que ardilosamente procura vários meios para convencê-lo de que a luz de emergência deve ser apagada no final do espetáculo: oferece ingressos grátis para a família do capitão; entrega uma cópia autografada por ele da peça que será representada etc. Novamente sentindo-se vítima, alega que o hospedeiro é cúmplice e está de conluio com o capitão do corpo de bombeiros na defesa de que a luz de emergência não deve ser desligada. Por outro lado, expressa interesse e gosto pelo desafio, pois o que é simples nunca o atraiu, tendo sempre convivido com a resistência, com o mecanismo do esforço.

É fatalista e niilista ao falar da nefasta construção do mundo, da existência de erros, do mundo de dúvidas. Mas considera-se um intelectual. Reconhece a sua megalomania como responsável pelos seus fracassos, como sua culpa, como um crime, e que é difícil a compreensão da sua comédia. E confessa ser um megalomaníaco, como sua peça. Ou não? Mas quando as pessoas compreendem a sua comédia, ele não tem mais nenhuma vontade de representá-la.

Bruscon é antes de tudo um fazedor de teatro, um conhecedor de teatro, um homem de teatro. Tentou ser outra coisa, ter outra atividade, mas não conseguiu sair do teatro. Ele acumula, ou melhor dizendo, concentra em si, várias das funções que o teatro demanda. É, também, um conhecedor de todas as armadilhas que essa atividade/arte apresenta. Mas, mesmo assim, acaba sendo apanhado por algumas delas. Desse modo, como o artista arma armadilhas, muitas vezes ele se sente na armadilha.

Como dramaturgo, Bruscon reconhece que o texto da sua comédia é diabólico, e vangloria-se de ela ser uma comédia de criação, para não dizer que trata-se da obra do século. Afirma, sem dúvida, ter escrito uma obra da maturidade. É uma peça clássica, segundo ele. Compara-se a Shakespeare e Goethe. O tema de sua comédia perseguiu-o por toda a vida. Já aos quatorze anos fez um primeiro esboço dela. Ao descrever o processo, que durou nove anos, para escrever a sua comédia, Bruscon nos remete à figura de Lucky, da peça *Esperando Godot*, de Samuel Beckett. Como esse personagem, Bruscon precisava usar algo na cabeça quando se punha a escrever sua comédia; no seu caso, um boné. Está seguro de que o teatro está invadido pelo diletantismo, e, por isso, o dramaturgo precisa ter consciência de que apenas os antitalentos levarão sua comédia para o palco. Fala do trabalho árduo que é ser dramaturgo; só na cena de Metternich[1] trabalhou oito meses. Na sua concepção megalomaníaca de dramaturgo, teve a ideia de escrever uma comédia que contivesse todas as comédias que já foram escritas.

---

1. Klemens Wenzel von Metternich (1773-1859) Diplomata e estadista austríaco; um dos mais importantes da sua época. Recebeu o título de Príncipe. Símbolo do conservadorismo, foi ele quem organizou o Congresso de Viena, em 1814, com o objetivo de restaurar as fronteiras e as dinastias afetadas pelas guerras.

Nesse sentido, os apontamentos e questionamentos de Jean-Pierre Sarrazac corroboram para a compreensão dos procedimentos dramatúrgicos e pensamentos de Bruscon, que acreditava que o texto da sua peça tinha uma abrangência mundial. Segundo Sarrazac:

> Para os estetas clássicos, desde Aristóteles, a arte teatral repousa sobre a estreita conjunção do *theatrum*, o lugar onde assistimos às representações, e do *drama*, a imitação da realidade através de ações. Mas, e se se interpusesse entre *theatrum* e *drama* um outro espaço que seria o do texto, tecido que absorvesse todos os signos do mundo? E se o "texto" caracterizasse um novo modo de totalização, próprio da modernidade? E se a noção clássica de "teatro do mundo" se apagasse apenas para permitir a consagração da noção moderna de "texto do mundo"?[2]

Bruscon ressalta a importância da palavra no discurso da sua comédia, da sua dramaturgia. Para ele, como em toda a grande literatura dramática, a sua comédia existe pela palavra, no que diz respeito à imagem e ao conteúdo. A palavra é o que importa. É um artista dos jogos de palavras que não despreza a piada barata. Diz que a comédia dele é a grande arte – uma obra de arte –, e que até mesmo o último espectador no fundo do teatro compreende tudo. Sua peça é um ato de advertência histórica, e tudo em *Roda da História* é igualmente importante. Ambiciona traduzir o texto da sua comédia, ele mesmo, para o francês e o italiano, mostrando-se seguro de que a peça fará sucesso tanto na França quanto na Itália.

Sua peça está povoada de personagens e de personalidades históricas da Áustria e do mundo, sem nenhuma preocupação com a veracidade ou precisão dos fatos, espaços e tempos reais e cronológicos. Assim, nós os vemos em situações cotidianas e triviais: é possível encontrar Hitler bebendo com Napoleão e Roosevelt; Goethe sofrendo um ataque de tosse e sendo socorrido por Kierkegaard, que o leva para fora do salão. Temos,

---

2. *O Futuro do Drama*, p. 221.

ainda, dentre outros, Churchil, Einstein, Madame Curie, Metternich. Uma verdadeira constelação histórica.

Com relação à cenografia, Bruscon trabalha com o simples e o essencial. O cenário de sua peça *A Roda da História* é quase nada. A trupe viaja apenas com um baú, um biombo e um portal. As cortinas, que cobrem completamente todas as janelas dos locais onde se apresentam, são especiais e foram confeccionadas na fábrica Klepper, em Rosenheim. Já a iluminação é de uma fábrica especial de Recklinghausen. No ensaio da luz, Bruscon fala sobre a importância e simbologia das cores. Indo além em experiência nos palcos, ele conhece profundamente quais são os melhores tecidos a serem usados no teatro, seja no figurino ou no cenário. Em matéria de praticidade de deslocamento, toda a companhia viaja num único carro, o que torna tudo mais simples e econômico para um grupo itinerante.

Tendo sua parte bem organizada, Bruscon exige boas condições da parte de quem o recebe para se apresentar, por isso reclama com o hospedeiro em relação ao estado degradante em que a sala da apresentação se encontra, cheia de manchas de sangue de mosquitos abatidos nas paredes, cortinas estragadas, decadência. Uma vez que a sua peça valoriza a palavra, Bruscon preocupa-se com a emissão e projeção da mesma. Assevera que a umidade da sala devora tudo, que tudo naquele espaço conspira contra o instrumento da voz humana, levando alguns atores a tossirem o texto, como sua esposa Agatha. Aproveita para dar alfinetadas na nova geração de atores prestes a lhe suceder que, nas comédias, berram o texto de tão alto que falam. Observa que tal atitude não é um "privilégio" só das províncias, mas também dos grandes teatros. Defende e decreta que aquele que fala perfeitamente é ouvido mesmo se falar baixo. Para ele, as pessoas já não sabem mais falar, falta-lhes exercício de entonação e de intenção. Em suma, as pessoas desaprenderam a falar. Porém, a fim de exaltar mais uma vez seu trabalho, tira proveito de sua própria crítica à sala de apresentação e avalia que, apesar das condições acústicas as mais adversas, a sua comédia resiste e continua de pé em palco tão desfavorável para as artes cênicas.

Bruscon, no ensaio, faz com que a sua filha repita diversas vezes a mesma frase, procurando mostrar a ela a diferença entre naturalidade e sentimento. Obstinadamente, procura a intenção desejada. Mas ele não é um encenador pedagogo, falta-lhe paciência. Reclama do que lhe custou ensinar à sua mulher as regras básicas, as mais primitivas, do jogo teatral. Agatha teve que falar oito mil vezes a palavra Ostende[3], até que ele pudesse aceitá-la. Detalhista, ensaia repetidas vezes a ação de abrir e fechar a cortina. Mesmo nos ensaios, não admite nenhuma brincadeira. Ensaia muito, sempre, à exaustão. Aproveita os ensaios para emitir novas dicas e encaminhamentos, observa as posturas e atitudes dos atores, exige precisão na passagem de uma sequência de ações físicas; tais repetições de ações mais parecem um jogo propositadamente irritante. Perde a paciência quando os seus atores – sua família – dão uma fala que não está no texto, que ele não escreveu. Exige total precisão, mas chega a admitir que ensaios demais também podem ser prejudiciais. Em sua busca pela perfeição, marca com a filha ensaio após a apresentação da peça para trabalharem um trecho específico, mesmo que isso se dê às duas horas da manhã. Porém, essa imposição revela muito do seu gosto de ficar a sós com a filha. Incesto ou busca de perfeição?

Como encenador, assume também a função de dramaturgista: corta, suprime e edita cenas. Ironicamente diz: "podemos suprimir, de maneira geral, tudo o que diz respeito ao amor, suprimir o amor. Mas não completamente". Pretende suprimir o passado. Sente-se injustiçado por não receber reconhecimento e diz que atirou aos porcos a sua *A Roda da Fortuna*.

Sobre as críticas, diz que tudo o que aparece nos jornais são disparates inventados por jornalistas e escrevinhadores

---

3. Ostende, cidade costeira belga, no mar do norte; famosa por sediar o museu do pintor James Ensor. Também é o local onde se desenvolve a "ação" da peça *Minetti* de Thomas Bernhard.

incompetentes, donos de olhares estúpidos. Complementa seu julgamento sobre a imprensa, dizendo que seus críticos não ouvem mais nada, não compreendem mais nada, apesar dos esforços.

Bruscon é, também, um grande conhecedor de música. Dessa forma, tem a capacidade de decidir em que momento é melhor ou mais apropriado usar Verdi ou Mozart. Confessa, porém, já não suportar mais Mozart. Sua preferência musical gira em torno da ópera, chegando a detestar qualquer outro tipo de música. Elabora todo um discurso a respeito da utilização da música como fundo ou trilha sonora no teatro. Demonstra aversão à necessidade que as pessoas têm de ouvir música entre os atos, não importa qual. Segundo ele, tal atitude traduz a incapacidade de se ficar um só minuto sem música. Seu grande interesse atual é pelo silêncio em composição com a arte da palavra; enaltece as palavras e o silêncio entre elas. Para ele, o texto como música é capaz de substituir a própria música, e o silêncio, por sua vez, é música.

O discurso de Bruscon é repleto de ironia e aforismos. Discorre sobre os mais diversos temas. Suas frases feitas dão a ele, ao mesmo tempo, uma aura de pensador, de estudioso e, principalmente, um ar de superioridade digno dos fascistas, dos tiranos. Algumas vezes ele mistura, numa mesma sequência, em discurso entrecortado, três temas bem diversos. Transita de uma visão pessimista do mundo a ideias políticas simplistas ao extremo. Afirma que os proletários exigem luxo, dinheiro e que são culpados pela destruição do teatro.

Discorre sobre a relação entre o ator e o papel a ser interpretado, enfim, sobre o ato de representar. Garante que a interpretação teatral necessita que o ator saiba e conheça filosofia. Como exemplo disso, cita o seu filho Ferruccio, que lhe pouparia aborrecimentos e saberia como dizer o texto se tivesse lido Spinoza.

Finalmente, Bruscon revela seu total engajamento nas artes cênicas ao defender que o teatro é uma prisão perpétua da qual é quase impossível sair. O teatro é opção de vida, prisão voluntária para todo o sempre. Dessa sua prática e vivência intensiva, pretende que aliou-se, defendeu e dedicou-se a um teatro completamente contraditório, contestatório em todas as possibilidades. Em sua opinião, o teatro é em si um absurdo. Trata-se de uma perversidade milenar, de uma provocação enquanto palavra, enquanto discurso.

Acreditamos que *O Fazedor de Teatro* é um marco na dramaturgia de Thomas Bernhard, pois abarca e aprofunda o que ele já vinha explorando e trabalhando em suas peças anteriores, seja no que se refere a temas ou procedimentos. Ao mesmo tempo, ela abre portas e janelas para aquelas que vieram posteriormente. A dramaturgia de Thomas Bernhard é uma das mais representativas da cena teatral do século xx.

3.
O TEATRO DA PALAVRA OU O TEATRO DISCURSIVO DE THOMAS BERNHARD

> *Nos meus textos, tudo é artificial, quer dizer que todas as personagens, os fatos, os incidentes se representam num palco, e o palco está totalmente mergulhado em trevas. As personagens que aparecem no espaço quadrado da cena reconhecem-se melhor nos seus contornos do que sob uma iluminação normal, como é o caso na prosa ordinária. Na escuridão, tudo se torna claro. Não só as aparições, o que se obtém da imagem, não, também a linguagem. Há que imaginar páginas totalmente negras: a palavra fica mais clara. Daí a sua nitidez redobrada. No começo, servi-me deste meio artificial. Quando se abre um de meus livros, acontece o seguinte: é preciso imaginar que se está no teatro; ao virar da primeira página sobe um pano, aparece o título, escuridão completa, e desse fundo, dessa escuridão, surgem as palavras que se transformam em processos de natureza tanto interior como exterior, e que, em virtude desse mesmo caráter artificial, artificiais se tornam com redobrada nitidez.*[1]

Encontramos, não só nas narrativas de Thomas Bernhard, mas principalmente no seu teatro, um desejo de distorcer o mundo através do exagero, desejo muito maior do que representá-lo idealisticamente, pois a existência para ele é um pesadelo. A estética do exagero vai encontrar em Thomas Bernhard e no seu teatro o espaço ideal, o campo fértil, a cena propícia para o seu desenvolvimento, edificação e propagação; uma obra em movimento, uma obra em construção. Seu exagero altera, deforma. Nessa estética, a verdade é ampliada em todas as suas dimensões, com a finalidade de provocar e despertar reações nem sempre agradáveis. É através dessa estética que Thomas Bernhard reafirmou seus conceitos e pontos de vista sobre o mundo e a época em que viveu. É por meio dela, pela exacerbação, que ele elaborou e controlou muitos efeitos teatrais. Essa dilatação dos acontecimentos nos faz rir, por exemplo,

---

1. T. Bernhard, *Trevas*, p. 62.

mas não se trata de um riso comedido, e sim de um riso que incomoda, que destrói, que é forte, que nos fere. O incômodo dessa ampliação dos fatos provoca o derrisório. Propõe uma possibilidade de alerta, de se manter vivo. Contudo já não é o riso da graça do patético ou da desgraça beckettiana. O teatro de Bernhard é desmedido, exagerado, excessivo, hiperbólico. Hiperboliforme. É um teatro radical. Radical não tanto na forma aparente, mas como ele lida com as palavras e os conteúdos. Sem pudor. Sem hipocrisia.

O personagem Baixo, da peça *Os Célebres*, ao falar dos escritores diz:

Os escritores
mesmo quando são científicos
são especialistas do exagero
especialistas do exagero[2]

O teatro de Bernhard vislumbra encontrar nas trevas aquilo que lhe seja contemporâneo. Nas palavras de Giorgio Agamben, o poeta "contemporâneo é aquele que mantém fixo o olhar no seu tempo, para nele perceber não as luzes, mas o escuro"[3]. Foi isso que Thomas Bernhard perseguiu e executou em sua trajetória. E Agamben prossegue: "Contemporâneo é aquele que percebe o escuro de seu tempo como algo que lhe concerne e não cessa de interpelá-lo."[4] Thomas Bernhard justamente embrenhou-se pelas trevas de seu tempo, da sua vida, do seu país e nos legou uma obra contundente, que não mediu esforços e empenho com o objetivo de iluminar passagens e sentimentos que se encontravam na obscuridade, nas trevas.

As peças de Thomas Bernhard parecem uma avalanche de palavras. Ele tinha a habilidade de juntá-las e fazer com que elas transbordassem. Somos inundados pela voracidade com que ele

---

2. Idem, *Die Stücke 1969-1981*, p. 478.
3. *O Que É o Contemporâneo? e Outros Ensaios*, p. 62.
4. Ibidem, p. 64.

as despeja sobre nós. Presenciamos e vivemos um verdadeiro dilúvio. De maneira avassaladora, somos inebriados pelas cascatas de palavras que, num jorro contínuo e voraz, deixa-nos sufocados. A respiração pontua musicalmente os andamentos do discurso proferido. Algumas vezes estamos diante de solilóquios, outras, de monólogos, e muito raramente deparamos com diálogos. Há uma transição e passagem incessante do diálogo para o monólogo. O discurso é abundante. Trata-se da performance da palavra. Então, as palavras não devem ser apenas bem ditas, mas é preciso procurar a musicalidade delas em cada uma das peças de Thomas Bernhard. Temos um discurso impactante gerado pela proliferação e saturação da palavra. Há uma compulsão em dizer, uma necessidade exagerada de falar. Percebe-se mesmo, em alguns momentos, um desvio da personalidade de quem é o portador e emissor dessa palavra: a personagem. A personagem é fluente em sua neurose, em sua psicose, como se o falador tivesse a necessidade vital, sem censuras, de expor tudo o que lhe passa pela cabeça: ideias, sentimentos etc. Nem sempre são ditas coisas importantes ou significativas. Trata-se de uma compulsão, uma deglutição, uma excitabilidade, uma ingestão, uma logomania, uma logorreia, uma verborragia, uma verborreia, uma vociferação.

Assim, há na obra dramatúrgica de Thomas Bernhard personagens que são "faladas" e aquelas que são "falantes". As que são "faladas", quando falam, se apropriam de palavras já ditas, das palavras mortas que acabaram de ouvir. Sua contribuição para que a ação da peça ou o diálogo se mantenha ou se desenvolva é quase nula. Temos um diálogo falseado, o que denuncia a rarefação e a escassez do discurso, da comunicação, da relação interpessoal. Por outro lado, os "falantes" falam sem medida, usam da abundância verbal, falam sem ouvir, falam mais do que ouvem e, quando ouvem, ouvem muito mais o que eles próprios falam. Eles preenchem as suas angústias e vazios com a emissão de um discurso, que ora é monólogo ora é solilóquio. O uso do monólogo é uma recusa da personagem em se confrontar ou em ser avaliada pelos outros. Já o solilóquio é a recusa de escutar: uma terapia para a dificuldade e impossibilidade de comunicação. Assim, escutamos a Mãe, personagem que tem o hábito de monologar na peça *No Alvo*, falar com a sua filha sobre este assunto:

MÃE
Só os outros me incomodam
Detesto intrusos
pois nesse caso o meu diálogo é perturbado
FILHA
No teu monólogo
há trinta há quarenta anos que não fazes outra coisa
MÃE
[...]
Dialoguei sempre da melhor maneira comigo própria
As pessoas não compreendem isso
porque precisavam sempre ter mais do que uma pessoa com quem conversar
Eu multiplico-me sou assim
Em Katwijk sou uma multidão minha filha[5]

Mas não são apenas as personagens "falantes", ou atuantes, que imprimem no leitor/espectador a marca dos acontecimentos. Podemos observar e evidenciar esse fato nas personagens mudas ou ausentes das peças de Thomas Bernhard. Essas personagens mudas, ou as que falam muito pouco, suportam todos os tipos de tormentos provocados principalmente pela palavra. O mutismo como um ato de inteligência e o solilóquio como uma arte. Mas elas falam muito, mesmo sem o uso da palavra.

MÃE
Esses terríveis papéis mudos
estas personagens permanentemente em silêncio
também as há na realidade
Um fala o outro cala-se
é provável que tivesse muito para dizer

5. *Minetti Seguido de No Alvo*, p. 161-162.

mas não é permitido
tem de suportar este esforço adicional
Impomos tudo ao silencioso[6]

A palavra como concretização e expressão do pensamento. As imagens produzidas nas peças de Thomas Bernhard, pelas palavras, têm a habilidade de nos irritar profundamente. E este era um dos propósitos desse dramaturgo. Uma vontade constante de incomodar e de irritar. Irritar não só pela repetição, mas também pela seleção dessas palavras e pelo conteúdo do discurso. Repetição enquanto estilo. Repetição como música. Palavras que violentamente nos fascinam, nos magnetizam e nos seduzem. Thomas Bernhard, através das suas peças, foi um permanente manancial de irritação. Há uma circularidade da palavra em sua dramaturgia. Às vezes trata-se de um movimento espiralado, mas circular.

Thomas Bernhard, um instrumentalista da língua, que, ao falar do seu processo na elaboração de uma obra, ressalta o seu trabalho consciente, crítico e fatigante com as palavras, ao montar e desmontar as suas performances verbais nos mostra a sua atração pelo jogo da linguagem; jogo no qual revela a construção e a "doença" que é o ato de escrever; o artista e a arte intrinsecamente conectados com a "doença":

São as palavras que eu alinho, as frases que eu construo. Eu as coloco num bom lugar, como se faria num jogo e segundo um desenvolvimento musical – se trata de uma construção. Mas mal chega a uma certa altura, quatro, cinco andares, vê-se o conjunto e, como uma criança, derruba tudo. No entanto, quando parecemos libertados, um outro abscesso já cresce sobre o corpo e se desenvolve, ele é reconhecido como uma nova obra, um novo romance. Tal livro é uma espécie de tumor maligno, um câncer. Seria inútil extirpá-lo, as metástases já teriam invadido o organismo inteiro e toda cura seria ilusória; impossível de ignorá-lo, *naturalmente* o mal se agravaria, se reforçaria sem esperança de salvamento ou somente de remissão.[7]

6. Ibidem, p. 185.
7. Idem, *Ténèbres*, p. 60.

Encontramos na dramaturgia de Thomas Bernhard, com esse manejo da palavra, a presença de um estilo, de um discurso, a presença do autor. Nesse sentido, podemos dizer que suas idiossincrasias literárias, cujos procedimentos como a repetição, a musicalidade e a teatralidade estão presentes e são essenciais, além da recorrência de temas, o tornaram um escritor, o criador de um idioleto. Para Roland Barthes, escritor é aquele que cria uma língua, um idioleto. E Thomas Bernhard engendrou um novo discurso teatral, no qual a verborragia de uma personagem se contrapõe ao silêncio das outras; o que resulta numa espécie particular de discurso, pleno de imagens. Michel Foucault, em *Estética: Literatura e Pintura, Música e Cinema*, afirma que há escritores que não são apenas autores de uma obra, que eles produziram muito mais ao criar a possibilidade e a regra de formação de outros textos; e isto ele chamou de criação de uma discursividade. Thomas Bernhard, com a sua obra, corresponde a esse pensamento de Foucault. Ao falar sobre os dramaturgos e críticos, Jean-Pierre Sarrazac constata que eles têm em comum a palavra poética. Nos dramaturgos, essa poética estaria fundada na diversidade das suas obras, já os especialistas do teatro atribuem-lhe um sentido, uma acepção geral e uma formulação teórica. Nesse caso, podemos então pensar, em relação à obra dramatúrgica de Thomas Bernhard, na constituição de uma poética teatral. Então, Thomas Bernhard foi um escritor que criou uma discursividade por meio da sua poética teatral.

Em *O Futuro do Drama*, Sarrazac menciona que existe uma distância entre o que foi escrito pelo dramaturgo e o que é analisado pelo especialista. Ele especula a respeito da existência de um espaço entre um texto virtual e um texto imaginário, o que resultaria, ao mesmo tempo, na diversidade, multiplicidade e unidade das obras. Em Thomas Bernhard, a percepção da voz do dramaturgo se observa e se concretiza através da repetição das suas obsessões e nos procedimentos estilísticos por ele utilizados.

Dentre esses procedimentos, um deles nos chama a atenção nessa criação de uma poética, de uma discursividade, de uma língua: a não pontuação do texto. Não existem aqueles sinais gráficos característicos na maioria das línguas, que nos auxiliam na leitura, no entendimento do conteúdo, na entonação, nas intenções, nas pausas. Ainda que a estrutura das peças de Thomas Bernhard possa parecer formal, tradicional, aristotélica – com início, desenvolvimento e desenlace –, somos surpreendidos e instigados por esse dramaturgo a tomar decisões que possam clarear a nossa recepção. Há, no interior de cada uma das suas peças, uma aventura desafiadora a ser transposta, a ser ultrapassada por quem as lê. Desde a primeira fala do primeiro texto teatral de Thomas Bernhard, *A Festa de Boris*, até a última do último, *Praça dos Heróis*, não encontramos ponto, vírgula, ponto e vírgula, ponto de interrogação, ponto de exclamação ou reticências. Para os atores e encenadores significa um grande desafio. Eles têm a liberdade da escolha. E essa liberdade, em vez de facilitar, torna-se um elemento que dificulta na vastidão das possibilidades. Como um subversivo anarquista da escrita, Thomas Bernhard nos tira do conforto que os sinais gráficos nos proporcionam e nos atira na possibilidade da pluralidade de discursos. Assim, será o ator junto com o encenador quem farão as opções de pontuação na criação de uma partitura verbal e vocal. Ao não utilizar a pontuação nos seus escritos, Thomas Bernhard faz com que não saibamos onde é o começo ou o fim da ideia, do pensamento; nos deixa em dúvida se a frase que agora lemos está ligada à que a antecede ou à que a precede. Somos estimulados e forçados a criar/recriar a lógica do texto. No alemão, a grafia do substantivo é sempre com a primeira letra maiúscula e o verbo pode estar tanto na segunda ou na última posição da frase, dependendo do tipo de frase e ou oração. Então, é preciso estar atento para verificar quando há o começo de uma nova frase. Já os pronomes interrogativos nos auxiliam para constatar que se trata de uma pergunta. Nesse sentido, os textos de Thomas Bernhard não correspondem à definição e comentário que Véronique Dahlet nos apresenta sobre a pontuação, que "se situa do lado da escrita e da leitura, isto é, da produção e da recepção do sentido, operando em conjunto para aperfeiçoar a legibilidade e a interpretação"[8].

Não há, também, o uso de aspas para a inclusão de citações de textos de outros autores. Dessa forma, nos parece que as personagens, num processo de assimilação quase que antropofágico, os leram e os tornaram seus. Ou seja, as personagens falam e citam o que leram, ou o que ouviram. Suas falas dão continuidade às suas leituras e às suas escutas. Em vários momentos as personagens das peças de Thomas Bernhard têm dúvidas sobre a autoria do enunciado que acabaram de pronunciar.

Assim, na peça *No Alvo*, a Mãe, ao falar do seu esposo já morto para a sua filha, diz que ele repetia várias vezes, para todos, inclusive para o cachorro, a frase/título da peça *Tudo Está Bem Quando Acaba Bem*, de Shakespeare:

MÃE
e como o homem dizia tudo está bem quando acaba em bem
em bem
isto ele dizia a todo o momento
mesmo quando isso não fazia nenhum sentido
tudo está bem quando acaba em bem[9]

Já na peça *O Presidente*, Thomas Bernhard, por meio de uma didascália, nos informa que o texto que o presidente fala é de Voltaire:

O PRESIDENTE
O tempo minha filha
não volta atrás
(*cita Voltaire*)
Nada demora tanto a passar
quanto o tempo
pois ele é a medida
da eternidade
Nada é mais breve
pois nos falta

8. *As (Man)obras da Pontuação: Usos e Significações*, p. 23.
9. *Minetti Seguido de No Alvo*, p. 104.

em todos os nossos empreendimentos
Nada demora tanto a passar
para aquele que espera
nada passa tão rápido
para quem o desfruta[10]

Bakhtin dizia que todo enunciado literário entra em diálogo com outros, advindo, dessa interação, sentido e valor. Mas há a utilização do itálico numa palavra ou numa frase, o que nos leva a pensar no acento, destaque ou reforço de intensidade que Thomas Bernhard queria dar a determinada parte do texto.

Outro aspecto a ser mencionado é que as rubricas ou didascálias são poucas e descritivas. Servem, de maneira objetiva e sintética, para indicar ações físicas. Não há o uso de adjetivos para qualificar essas ações; poucos, também, são os advérbios empregados para modificar os verbos quanto à intensidade, modo, causa etc. O próprio Thomas Bernhard justifica sua escolha de não servir-se desses recursos:

Eu sou contra as indicações cênicas, isso esmaga qualquer peça. As indicações cênicas resultam automaticamente do texto. E os escritores que as põem em grande número são sempre os piores. Quanto mais indicações menor é a liberdade para o ator e o encenador. O texto deve ser tão imperioso que dele resulte inteiramente o que é e quando o texto não tiver essa força, então o resto não serve de nada [...][11]

Aqui, as palavras são imagens e sons, música; a língua como um instrumento. O ator Bernhard Minetti[12] costumava dizer que as peças de Thomas Bernhard eram uma língua teatral escrita como uma partitura musical. Somos afetados pela sua força com as palavras, seja na leitura, seja na encenação. Temos o encontro com a palavra brutal, despedaçada, destruída, devorante, dividida, violenta, que atormenta, inquieta e consome as personagens. Saímos

10. *O Presidente*, p. 64-65.
11. K. Hofmann, *Em Conversa Com Thomas Bernhard*, p. 86.
12. Bernhard Theodor Henry Minetti (1905/1998). Ator alemão que, nos anos de 1970 e 1980, trabalhou, principalmente, nas peças de Thomas Bernhard dirigidas por Claus Peymann.

marcados, alterados. Impossível sair ileso da sua leitura. Como quase impossível também é não montá-lo na íntegra. Os seus textos têm uma estrutura em que o corte se torna quase inviável. Corre-se o risco de mutilá-los. Então, se há um modo de adentrar no teatro de Thomas Bernhard é permitindo-se mergulhar no turbilhão voraz da sua verborragia, do seu discurso.

As personagens das peças de Thomas Bernhard são instrumentos a serviço das vozes. Compulsivos conscientes das suas solidões, são dominados por essa compulsão. Eles soltam suas vozes para expressar suas visões de mundo, suas incapacidades e motivos de viverem neste mundo. O que assusta ou incomoda as personagens de Thomas Bernhard é o mundo em que vivem e que os envolvem. Falam para sobreviver. Eles se materializam por meio de suas palavras. Utilizam-se do monólogo, de solilóquios e da verborragia para se sentirem vivos, para reafirmarem os seus sentimentos acerca do mundo, ainda que os outros não respondam a eles ou nem sequer os ouçam, visto que não há confronto nem disputa pela posse da palavra. Trata-se da primazia do monólogo. Thomas Bernhard via no monólogo uma arte superior àquela da conversação. O monólogo se inscreve, então, como expressão da solidão, da infelicidade, do sofrimento das personagens de suas peças. Polifonia de monólogos. O teatro do monólogo. Monólogos que, ao serem extremamente pessoais, revelando um culto de si mesmo, denotam, também, uma certa alteração mental das personagens. São artistas do solilóquio.

Bruscon e outras personagens de Thomas Bernhard, quando falam, falam como uma máquina de falar: ela não é ouvida e nem ouve as outras personagens. Mas, apesar da abundância de palavras, o que se percebe é o vazio do discurso, a solidão do emissor, a angústia da personagem em se comunicar. Trata-se do aniquilamento do diálogo.

Críticos e teóricos, como Peter Szondi, Anatol Rosenfeld e Jean-Pierre Sarrazac utilizam o mesmo exemplo para explicitar o declínio, a decadência e desconstrução do diálogo na dramaturgia contemporânea. Eles se voltam para os fins do século XIX e início do xx, e discutem, por exemplo, a obra do russo Anton Tchékhov, mais especificamente a peça *As Três Irmãs*, na qual a personagem Andrei, diante do empregado Ferraponte, que é surdo, justifica o seu monólogo. O desenrolar do drama ou o conflito já não precisam mais do diálogo para estabelecer-se. Exemplos notórios desse passo dado pelo teatro encontramos na dramaturgia de Samuel Beckett.

As personagens de Thomas Bernhard têm uma forte inclinação para o uso da palavra em detrimento da ação (elas falam mesmo quando mantêm silêncio). As visões de mundo dessas personagens são estreitas e mesquinhas. Bernhard procura, através dessas personagens, apresentar uma alegoria da condição humana, uma crítica contundente à sociedade austríaca, em todos os seus aspectos. Thomas Bernhard guia suas personagens até a fronteira da animalidade, ao extremo da bestialidade. Nesse sentido, elas podem exprimir-se sem pudores ou censura; inclusive manifestando-se e pronunciando o que não seria politicamente correto ou adequado. Presenciamos o desnudamento, o desmascaramento, a desfiguração dessas personagens, no decorrer da peça.

Muitas delas são tiranas, outras são marionetes, muitas são médicos, outras são doentes, várias têm defeitos físicos, outras têm manias, muitas são falastrões, outras são mudas ou quase nada falam, muitas vivem na corda bamba, outras são desequilibradas, muitas são artistas, outras são patéticas, muitas são grotescas, outras são instáveis, muitas são autodestrutivas, outras são destrutivas, muitas são fracassadas, outras são mórbidas, muitas são opressoras, outras são oprimidas, muitas são rabugentas, outras são insuportáveis, muitas vivem nas trevas e se preparam para o suicídio, lutam contra o vazio da existência, revelam rancores e ressentimentos sobre as suas assimilações da sociedade austríaca. São personagens que não se sentem bem no meio e espaço em que vivem ou em que se encontram, o que gera uma relação belicosa, contestatória, conflituosa. Há uma não adaptação a qualquer meio; há uma não aceitação da

Áustria. Vivem isolados. São reclusos, intransigentes e a reclamação é uma constante. São obsessivos, angustiados, contraditórios, buscam a perfeição em circunstâncias adversas e isso os torna ainda mais angustiados. Há aqueles que perseguem e aqueles que são perseguidos, o que estabelece um conflito. São personagens assombradas, atormentadas, feridas, lesionadas.

A partir dessa compulsão voraz da fala, as personagens de Thomas Bernhard se analisam profundamente e se desmascaram. Elas são colocadas frente a frente com suas carências, contradições, autodestruições, misérias, psicologia, pulsões. Também a Áustria é analisada, desmascarada e são ressaltadas as suas contradições. Cria-se um choque, tão característico e essencial no teatro de Thomas Bernhard. As análises também lhes são essenciais para que sobrevivam. Vitais.

Por outro lado, esse discurso também pode ser gerador de identificação, de empatia. Assim, a personagem Mãe, da peça *No Alvo*, se dirige ao dramaturgo, seu convidado em sua casa de veraneio, reconhecendo o discurso como sendo não só do próprio dramaturgo, mas também dela:

Ouviste
São estes os meus pensamentos
se calhar foi por isso que a sua peça me fascinou tanto
porque através dela você exprime os meus próprios pensamentos
tudo na peça poderia ser meu
também a ideia poderia ser minha
cada uma de suas figuras fala como eu falo
por outro lado é de tal maneira que todas as figuras
falam exatamente como você
cada uma das suas figuras pensa como você e fala como você
Se formos absolutamente precisos
falam todos a partir de um único
e um fala sempre como todos
daí que o todo adquira algo de universal[13]

---

13. *Minetti Seguido de No Alvo*, p. 208-209.

Tragédia ou Comédia?

"Nesta época, em que o trágico se fixa no dia a dia, [...] torna-se evidente que a velha divisão aristotélica, inteiramente tributária do tema tratado, entre o cômico e o trágico, e a divisão de gêneros estão ultrapassadas."[14]

Quando pensamos em gênero, na tentativa de classificar as peças de Thomas Bernhard, encontramos uma dificuldade e uma inadequação em catalogá-las, ou em enquadrá-las num mesmo compartimento. Há, numa mesma peça, a transição entre a comédia e a tragédia (assim como entre o grotesco e o sublime). Essa ambiguidade e ambivalência já se fazem presentes na própria apresentação das suas obras. Suas comédias são nomeadas como tragédias, e as tragédias, como comédias. Pode-se dizer que a dimensão do trágico tem relação com a hipocrisia da sociedade; já o cômico é fruto do seu humor irado e irônico, que resulta na derrisão. Essa mobilidade entre gêneros ratifica o ângulo tragicômico do homem do século XX. Assim, Thomas Bernhard não separa, no drama do homem austríaco, o trágico do cômico. Há um equilíbrio entre o trágico e o cômico, seja nas ações, nas situações ou nas personagens: o trágico-cômico, a tragicomédia.

Erika Tunner, no seu ensaio intitulado *Uma Outra Leitura de Thomas Bernhard: Perturbação, uma Bufonaria Brutal*, nos apresenta uma possível explicação para esse entendimento sobre o trágico e o cômico na obra de Thomas Bernhard:

A imbricação entre o trágico e o cômico da condição humana foi considerada como inevitável por Schopenhauer que, da mesma maneira que Pascal, Montaigne, Kant e Nietzsche, exerceu uma influência capital no pensamento de Bernhard. É o caso em *O Mundo Como Vontade e Como Representação*, em que ele expõe sua ideia de que a vida de cada um nós, quando a vemos no seu conjunto, realça apenas os traços salientes,

---

14. J.-P. Sarrazac, op. cit., p. 178.

assemelha-se sempre a uma tragédia, enquanto tomada ponto por ponto ela tem muito mais o caráter de uma comédia.[15]

Anatol Rosenfeld, ao falar da artificialidade da teoria dos gêneros, enquanto conceituação científica, diz: "A pureza, em matéria de literatura, não é necessariamente um valor positivo. Ademais, não existe pureza de gêneros em sentido absoluto."[16] Ou seja, essa teoria não deve ser entendida e usada como um receituário na produção e análise de uma obra. Já Jean-Pierre Sarrazac questiona se as peças contemporâneas podem ser, ainda, relacionadas a "gêneros independentes", se a noção de "gênero canônico" não teria "expiado", se a "tendência rapsódica" não afetaria a estrutura das peças e provocaria "a mestiçagem dos gêneros"[17]. O que se percebe, cada vez mais frequentemente, é a hibridização presente na dramaturgia dos nossos dias o que, pouco a pouco, resulta numa perda de espaço da noção de gênero puro com finalidade de categorizar ou definir uma peça.

A personagem Minetti, da peça homônima de Thomas Bernhard, fala da dificuldade de definir e distinguir os gêneros:

Estamos constantemente a construir
uma tragédia
ou uma comédia
quando criamos a tragédia
no fundo acaba por ser só uma comédia
e vice-versa
apelando à responsabilização de cada um
se me faço entender bem
E voltamos sempre e apenas à arte teatral[18]

É interessante observar que o título de uma curta narrativa de Thomas Bernhard – *É uma Comédia? É uma Tragédia?* – destaque justamente essa dúvida, essa indagação. Nela, há um

15. E. Tunner apud T. Berhard, *Ténèbres*, p. 170.
16. *O Teatro Épico*, p. 16.
17. Op. cit., p. 177.
18. *Minetti Seguido de No Alvo*, p. 29.

estudante que reflete ao escrever um tratado contra o teatro, que levaria o título *Teatro – Teatro?* O tratado teria, segundo ele, de cinco a sete seções e, no último parágrafo, lançaria a seguinte questão: "Então, o que é teatro?" O estudante afirma, ainda, que o concluirá num curto espaço de tempo, pois, segundo ele, descreve-se bem o que se odeia.

Ódio ao Teatro?

Ainda em *É uma Comédia? É uma Tragédia?*, o estudante diz: "Eu desprezo o teatro, eu detesto os atores, o teatro é apenas uma imensa e enganosa inconveniência, uma pérfida inconveniência."

Encontramos, na obra de Thomas Bernhard, esse ódio endereçado a tudo e a todos que estejam relacionados com o teatro de modo muito direto. O que não falta são exemplos disso na sua obra em prosa, como seu livro de narrativas curtas, *O Imitador de Vozes*. Nele, há três contos cuja temática está relacionada com o ódio ao teatro. No conto "Impossível", um dramaturgo de sucesso tem como princípio não assistir às encenações das suas peças; mas ele quebra essa postura e assiste à apresentação da sua mais recente produção, em Düsseldorf. Ao ver o que os atores tinham feito dela, ele entra com uma ação judicial exigindo que todos os envolvidos, inclusive os espectadores, lhe restituam tudo o que teria relação com a peça. Antes do julgamento, o tribunal manda interná-lo num manicômio[19]. Já em "Sentimento", outro dramaturgo, que apresentava com sucesso suas comédias como tragédias e suas tragédias como comédias, é convocado ao tribunal por um espectador que se sentia ofendido. O juiz absolve o dramaturgo porque ele próprio odiava o teatro e tudo o que tinha a ver com ele mais do que qualquer outra coisa no mundo. O dramaturgo, por sua vez,

---

19. Idem, *O Imitador de Vozes*, p. 103-104.

compartilhava do mesmo sentimento do juiz[20]. E em "Um Autor Obstinado", lemos a história de

um autor que escreveu apenas uma peça de teatro, a qual só podia ser encenada uma única vez, e naquele que, em sua opinião, era o melhor teatro do mundo, dirigido pelo, também em sua opinião, melhor diretor do mundo e representada apenas e tão somente pelos, em sua opinião, melhores atores do mundo, acomodou-se, ainda antes de abertas as cortinas da noite de estreia, no local mais apropriado da galeria, invisível ao público, posicionou seu fuzil automático, construído especialmente para esse fim pela firma suíça Vetterli, e, abertas as cortinas, pôs-se a disparar um tiro mortal na cabeça de todo espectador que, em sua opinião, risse no momento errado. No final da apresentação, só restavam no teatro espectadores por ele alvejados, ou seja, mortos. Durante toda a encenação, os atores e o administrador do teatro não se deixaram perturbar um só instante pelo autor obstinado e pelos acontecimentos por ele provocados[21].

Também em sua dramaturgia Thomas Bernhard nos oferece vários exemplos desse ódio ao teatro, desse discurso acerca da vida do teatro, do mundo do teatro, do mundo das artes cênicas. Assim, é possível verificar que, desde o seu primeiro texto dramatúrgico, essa relação se apresenta de maneira clara e contundente. Na peça *A Festa de Boris*, há uma discussão sobre a necessidade da arte em relação às outras carências da vida mais urgentes e cotidianas:

MUTILADO
Não precisamos de artistas
Não precisamos de declamadores
BOA DAMA
Sim mas
Boris bate ainda mais forte no grande tambor
O MAIS VELHO DOS MUTILADOS
Precisamos de boa comida
de camas maiores

20. Ibidem, p. 105-106.
21. Ibidem, p. 107.

de melhorias do nosso estado geral
não de artistas
não de pessoas inteligentes minha cara dama
nós mesmos fazemos nossas brincadeiras
e desenvolvemos nossas próprias filosofias[22]

A peça *O Ignorante e o Louco* fala do mundo da ópera, da obra dramática musicada. As personagens nos dizem que este tipo de teatro é o inferno; que estar no meio de atores ou de cantores é estar no meio de intrigantes; que os artistas são impiedosos com o público e, inversamente, o público é impiedoso com os artistas; que é espantosa a incapacidade de reação do público, a pobreza de imaginação, estupidez absolutamente paralisante. Há, por parte dos artistas, a recusa ao contato com e ódio ao público.

DOUTOR
Vemos um artista de teatro
ouvimos uma voz bem formada
uma soprano coloratura
querido senhor
sobre um monte de estrume
querido senhor
a cultura é um monte de estrume
sobre o qual as pessoas de teatro
e as pessoas de música
prosperam
mas é um monte de estrume
querido senhor[23]

Dois universos, o do circo e o da música, são abordados na peça *A Força do Hábito*. Ali é dito que um artista que pratica uma arte precisa de outra, de uma segunda arte, pois uma alimenta-se da outra. Os efeitos de uma interagem com os efeitos da outra.

---

22. Idem, *Die Stücke 1969-1981*, p. 73-74.
23. Ibidem, p. 156.

A arte é um meio para atingir outra arte; e o público, claro, não repara em nada disso. Sobre o público, continua:

GARIBALDI
Quantas pessoas estavam
nada mais deprimente
que o último espetáculo
eu odeio
eu não vejo
eu só cheiro
este fedor
que vem do público
É ridículo
ter de fazer sempre esta observação
mas o cheiro do público
é repelente
universo da peça[24]

Na peça *O Presidente*, a personagem Presidente comenta sobre a função alienante e terapêutica que o teatro pode ter. Ao mesmo tempo, a presidente – nesse caso, a primeira-dama – fala que os artistas incentivados por ela o tempo inteiro são mal agradecidos, por isso, o mecenato revela-se um absurdo, e mostra-se convencida de que é bobagem proteger qualquer artista. Para coroar sua desconfiança com relação aos artistas, ela sabe que o seu marido, o Presidente, anda por aí, à noite, com atrizes de terceira. O Presidente, num aposento próximo ao cassino de Estoril, em Portugal, entre oficiais portugueses, o coronel e o embaixador, ao comentar sobre sua amante, a atriz, questiona a formação do ator numa escola, numa instituição:

PRESIDENTE
Autodidata
meus senhores
Ela não estudou arte teatral
Mas qual das grandes atrizes

---

24. Idem, *A Força do Hábito* e *Simplesmente Complicado*, p. 86-87.

ou que grande comediante estudou arte teatral
à atriz
Você é autodidata
autodidata é você
aos outros
tudo nela é ritmo
música
dança
As escolas de teatro sufocam talentos no embrião
sufoca-se um grande talento em brevíssimo tempo
nas escolas de teatro
sufoca-se meus senhores
sufoca-se[25]

A doença em *Os Célebres* é considerada como a origem da força criadora. Todos os grandes são doentes; tudo o que é grande é doente. O gênio é uma doença. O gênio é um ser e um caráter completamente doentio e enfermo. E isso não é visto como uma tese, mas como um fato. A fascinação emana sempre dos doentes. Em cada linguagem artística, seja a pintura, seja a literatura e mesmo a música, o que nos fascina é o que é doente. Thomas Bernhard, como Novalis, associa a arte à doença. O artista como um doente. Ele disse que: "Uma doença é também sempre um capital. Cada doença superada é uma história fantástica..."[26] Os artistas seriam, ainda, os filhos bastardos da sociedade. Algumas personagens artistas assim se manifestam sobre a cultura dos artistas:

BAIXO
A incultura é uma condição
para o cantor dizem
EDITOR
Mas a exceção confirma a regra
ENCENADOR
Tudo cozinha com água

25. Idem, *O Presidente*, p. 87.
26. K. Hofmann, op. cit., p. 36.

Escurece
Para não falar dos diretores de teatro
os mais cultos são sem dúvida os diretores de óperas
Os diretores das salas não temem nada mais
que serem arrastados para uma conversa literária
e os dramaturgos são em geral imbecis
EDITOR
As estatísticas provam
que os diretores de teatro leem em um ano
apenas três ou quatro livros
um livro por trimestre
é o que provam as estatísticas[27]

Minetti é um ator que quando jovem se entregou à fatídica arte teatral e foi ferido de morte. Mas hoje ninguém se fere de morte; vivemos em uma sociedade repugnante que renunciou a ferir-se de morte, diz o texto. Essa peça traz, em algumas falas, uma crítica incisiva aos diretores de teatro, na visão do ator/personagem.

MINETTI
olha para o relógio
Diretores de teatro
são a coisa em que menos se pode confiar
a coisa menos pontual que já se viu
um ator nunca
deve contar com a pontualidade do diretor de teatro
MINETTI
[...]
Mas os diretores de teatro
são todos megalômanos[28]

Na peça *No Alvo*, Thomas Bernhard dá voz ao público, ao espectador, que manifesta, também de maneira direta, o seu "ódio" pelo teatro:

---

27. T. Bernhard, *Die Stücke 1969-1981*, p. 526-527.
28. Idem, *Minetti Seguido de No Alvo*, p. 45-46 e 62.

MÃE
já não passa de um hábito
já há muito que não gostamos de teatro
só fingimos que gostamos
odiamo-lo
porque ele se tornou um hábito
Mas também odiamos Shakespeare
e odiamo-nos a nós próprias
quando lá vamos
ainda antes dele ter começado
já sabemos qual é o fim[29]

A personagem Karl, velho artista de circo, da peça *As Aparências Enganam*, depois de dizer que os atores não têm a menor imaginação, demonstra o seu desprezo por eles, inclusive pelo seu irmão Robert, que é um velho ator. Karl não se importa com o fato de que isso possa feri-lo ou incomodá-lo.

KARL
De uma certa maneira os atores são cretinos
mesmo os maiores
mesmo os mais célebres
eles fogem da sua mediocridade
e a mediocridade os apanha
sem exceção[30]

Mas o próprio Robert não vê com bons olhos o teatro; sua opinião é de que o teatro tornou-se uma fossa infame:

ROBERT
Com que negligência hoje
representa-se no teatro
é
vergonhoso o que se vê sobre o palco
analfabetismo teatral[31]

---

29. Ibidem, p. 92.
30. Idem, *Der Schein trügt*, p. 40.
31. Ibidem, p. 73.

Em *Ritter, Dene, Voss,* a irmã caçula, Ritter, conversa com sua irmã mais velha, Dene, sobre o ódio dos parentes delas pelo teatro.

RITTER
E foi porque nosso irmão o odiava
que nós fomos para o teatro
foi uma razão decisiva
porque nosso irmão odiava o teatro
e porque nossos pais odiavam o teatro
o ódio pelo teatro era o mais forte de todos na família[32]

E o próprio irmão Ludwig, que não se conforma que as suas irmãs tenham se perdido nos palcos, expressa o seu ódio pelo teatro, pois para ele nada é mais repugnante do que as artes cênicas.

VOSS
Fazer teatro
é entretanto uma arte abjeta
tocar um instrumento é completamente outra coisa
logo que um ator fala
eu tenho constantemente o sentimento
de que o mundo é vulgar[33]

Em *Simplesmente Complicado*, o velho ator fala como o ódio e o amor eram uma constante na sua família. E essa contradição também o seguiu. Ele comenta a sua escolha pela profissão de ator.

[...]
Cardeal
disso teriam gostado
a profissão de ator
odiavam-na
mas eu também sempre a odiei[34]

---

32. Idem, *Déjeuner chez Wittgenstein*, p. 34.
33. Ibidem, p. 98.
34. Idem, *A Força do Hábito e Simplesmente Complicado*, p. 175.

Herrenstein, o grande industrial que tem as pernas artificiais, personagem da peça *Elizabeth II: Nenhuma Comédia*, diz que os atores o repugnam e que ele, de fato, não é contra a arte nem os artistas; ele não os suporta, é tudo. E entre o teatro e a ópera, prefere a ópera.

HERRENSTEIN
Cantar sim falar não
Eu não suporto mais o teatro falado[35]

E em *Praça dos Heróis*, o professor Robert encontra uma justificativa para a sobrevivência do teatro, ao dizer que:

PROFESSOR ROBERT
O teatro sempre foi deveras uma simulação nojenta
mas naturalmente ele favorece ainda e sempre
os interessantes laços familiares[36]

Fazendo justiça ao título da peça *As Aparências Enganam*, Karl diz, sobre o seu irmão e os outros atores:

KARL
Admirável por outro lado
essas frases sem fim decoradas
que no fundo ele absolutamente não compreendia
quando eu lhe perguntava à queima-roupa
o que foi
que ele acabara de dizer
de dizer
ele não era capaz de responder
eles não sabem o que dizem
nem o que dizem
nem o que representam[37]

São escritos sobre o teatro; são escritos para o teatro; são escritos contra o teatro; são escritos para o teatro contra o teatro. São

---

35. Idem, *Les Célèbres / Elizabeth II*, p. 171.
36. Idem, *Place des Héros*, p. 164.
37. Idem, *Der Schein trügt*, p. 40.

escritos de alguém que estudou, conheceu e vivenciou muito bem o universo do teatro, de alguém que conhecia profundamente as estruturas, os mecanismos e as regras do teatro, alguém que amava todos e tudo que se relacionasse com o teatro. Contradição? Ambiguidade? Se levarmos em conta que o teatro para Thomas Bernhard é o espaço do teatro do mundo, então esse "ódio" é, também, endereçado e diz respeito aos homens, à sociedade, ao Estado, pois o teatro é o mundo. E a Áustria era esse mundo contraditório, que ele amava e odiava, que não poupava palavras ao referir-se a ela, palavras apaixonadas, arrebatadas, exageradas, que emitem e expressam o ódio, atrás do qual é possível visualizar e vislumbrar o amor pelo teatro, pela Áustria.

O Aforismo em Thomas Bernhard

BAIXO
À noite o cheiro do pântano embaixo da varanda
começa a chover levemente
e deixar derreter na língua
um bom aforismo
(*ao editor diretamente*)
que seja um aforismo de Novalis
ou de Schopenhauer[38]

ESCRITOR *na janela*
Continuamente andando para cima e para baixo
com ambas as mãos nas minhas têmporas
o senhor precisa saber
sem a palavra decisiva
no aforismo[39]

Acima dois exemplos concretos da construção da discursividade de Thomas Bernhard emprestada às suas personagens, nos quais percebemos que ele foi um aforista e que tinha consciência

38. Idem, *Die Stücke 1969-1981*, p. 527.
39. Ibidem, p. 175.

e prazer em exercitar essa faceta e em colecioná-los. No primeiro exemplo, na peça *Os Célebres*, aparecem duas das suas fontes e modelos e, no segundo, em *A Sociedade da Caça*, temos a fala do escritor que inicia a peça. "A filosofia alemã é uma fonte inesgotável para um ser que pensa", diz a personagem Baixo[40]; e podemos acrescentar que a literatura e a língua alemãs também têm a sua parcela de contribuição. Portanto, um recurso formal presente no seu teatro discursivo é a criação e uso da forma gnômica aforismo. Aforismo é uma figura de pensamento, de sabedoria, breve, concisa e lapidar, que enuncia, de forma sentenciosa, conselhos e verdades gerais, muitas vezes uma sentença moral, presença constante na filosofia e literatura germânica.

Os aforismos de Hipócrates são considerados os primeiros do gênero – quatrocentos no total. Dentre eles destaca-se: "A vida é breve, a arte longa; a ocasião fugidia, a experiência enganosa." O apogeu da utilização dessa forma de expressão se dará nos séculos XVII e XVIII e tem, no filósofo francês Blaise Pascal, nome citado com frequência nas obras de Thomas Bernhard, um dos grandes autores de aforismos, como: "O eu é odioso" e "É uma doença natural no homem acreditar que possui a verdade".

Thomas Bernhard, nesse campo, é também tributário e seguidor de uma tradição germânica. É perceptível a influência que teve dos escritores e filósofos alemães, como a de Arthur Schopenhauer (1788-1860), que nos legou os dois volumes de *Parerga e Paralipomena*, ensaios com os mais diversos temas. Mais tarde, alguns deles foram publicados como *Aforismos Para a Sabedoria na Vida*, máximas, através das palavras, para tornar a vida mais feliz ou menos infeliz. Ele teve também outros mestres, como os escritores austríacos Hugo von Hofmannsthal (1874-1929) e Karl Kraus (1874-1936).

Em *O Livro dos Amigos*, de 1922, Hugo von Hofmannsthal apresenta aforismos com temas diversos, como a arte: "A pintura transforma o espaço em tempo; a música, o tempo em espaço.";

---

40. Ibidem, p. 527.

"A beleza, inclusive na arte, não pode ser imaginada sem pudor." Também há aforismos sobre o conhecimento: "Não se pode pretender que alguém conheça tudo, mas sim que, conhecendo alguma coisa, tenha conhecimento de tudo."; "Qualquer novo conhecimento provoca dissoluções e novas integrações."; "A espécie mais perigosa de estupidez é uma inteligência aguçada." Outros são sobre o homem: "Na juventude, somos atraídos por aquilo que é chamado de interessante; na idade madura, pelo que é bom."; "O homem só se apercebe, no mundo, daquilo que em si já se encontra; mas precisa do mundo para se aperceber do que se encontra em si; para isso são, porém, necessários atividade e sofrimento."

A respeito dos aforismos, Karl Kraus escreveu: "Um aforismo não deve necessariamente ser verdadeiro, mas deve superar a verdade."; "O aforismo jamais coincide com a verdade; ou é uma meia verdade ou uma verdade e meia."; "Quem sabe escrever aforismos não deveria dispersar-se em ensaios." Com relação à arte, ele disse: "Arte é aquilo em que o mundo se transformará, não aquilo que o mundo é."; "Os artistas têm o direito de serem modestos e o dever de serem vaidosos."; e "Só é artista aquele que é capaz de transformar a solução num enigma."

Renato Zwick, que organizou uma edição dos aforismos de Karl Kraus, diz:

É essa condensação extrema que confere ao aforismo as arestas cortantes que inevitavelmente ferem o leitor. Exprimindo o que à primeira vista muitas vezes parece ser uma generalização abusiva, o aforismo requer *reflexão*; ele desestabiliza as certezas cotidianas cristalizadas em frases feitas e, à luz de seu brilho repentino, apresenta aspectos da realidade até então ignorados.[41]

Diante dessa apreciação, podemos admitir que encontramos, nas peças de Thomas Bernhard, um enorme rol de aforismos que exprimem e expressam a sua visão aguda, crítica, instigante

---

41. Apresentação, em K. Kraus, *Aforismos*, p. 10.

e provocativa do mundo. Eles tocam em temas variados como arte, doenças, filosofia, língua, medicina, mundo, música, política, religião, vida etc.

Em *Uma Festa Para Boris*, Thomas Bernhard, através dos aforismos, explicita o seu desencanto com os médicos e nos diz que: "Os médicos são porcos. Os médicos são porcos e charlatões. Os médicos são preguiçosos."

Já em *O Ignorante e o Louco*, ele trata de temas diversos ligados à arte e a doença: "Não há nada mais fatigante do que ser uma sumidade."; "O teatro em particular a ópera não é nada para um ser natural."; "O talento é uma doença."; "A vida ou a existência não são problemas existenciais."

E segue com a diversidade de temas em *A Força do Hábito*: "O mundo é o macro-antropos."; "Fazer da precisão um hábito."; "A arte é um meio para atingir outra arte."; "Não queremos a vida mas ela tem de se viver."; "A vida consiste em ir eliminando dúvidas."; "Doenças curam-se com doenças."; "A morte fortalece a vida."

A filosofia aparece em *Simplesmente Complicado*: "A iluminação dos espíritos é um absurdo."; "Só existimos quando por assim dizer somos o centro do mundo."; "Não viemos a este mundo sem castigo."; "Odiamos Schopenhauer e vivemos dele, odiamos o mundo e vivemos nele."

Em *Minetti*, somos alertados: "Quando queremos alcançar os nossos objetivos temos de ir sempre na outra direção."; "A vida é uma farsa a que os inteligentes chamam existência."; "As pessoas já não têm ouvidos para ouvir não têm olhos para ver não sabem o que é bom senso."

Na peça *Antes da Reforma*, sobressaem principalmente os aforismos voltados para a política, em que fica evidente o pensamento anarquista: "As pessoas são sem dúvida elas mesmas culpadas de suas misérias."; "Os colegas são sempre perigosos."; "Fomos condenados à infâmia."; "A democracia é um embuste."; "A democracia é o maior absurdo que já existiu."; "A democracia é o melhor dos negócios para aqueles que dominam a democracia."; "O homem que não tenha por um longo tempo nenhum prazer artístico degenera."; "A humanidade é um paciente que absorve tudo o que lhe dão."; "A música torna tudo suportável."

A temática tratada em *No Alvo* é o teatro, mais especificamente o dramaturgo. Eis alguns aforismo lançados pela peça: "O teatro é uma entre muitas possibilidades de sobrevivência."; "O silêncio é mais enlouquecedor que todo o resto."; "No fim da vida constatamos que passamos toda a vida a pôr questões mas que não obtivemos uma única resposta."

Em *As Aparências Enganam* aparecem, dentre outros temas, a história: "Todo mundo faz a história."; a religião: "A igreja católica sempre foi hipócrita."; as artes: "O piano exige uma prática cotidiana."; e "A arte do teatro é a de ser sensível às artes."

Os aforismos em *Ritter, Dene, Voss* são relacionados a doenças, família, artes e medicina: "A doença é um processo sagrado."; "Somos fascinados pelo insólito."; "A música muitas vezes é a salvação."; "O parentesco significa a morte."; "A reflexão não é excitante mas repugnante."; "A maior das artes é a arte da confeitaria."; "Os artistas deformam tudo."; "A medicina é uma manutenção perversa do patrimônio."

Alguns aforismos em *O Reformador do Mundo* são cruéis, outros, irônicos, mas sempre oferecem elevado grau de crítica: "Quando compreendemos as artimanhas dos médicos é muito tarde. Cada doença é uma doença incurável."; "O mundo é uma cloaca de onde vem isso que nos empesteia. Essa cloaca deve ser esvaziada."; "Toda a vida nos mutilamos com assinaturas."; "Tudo o que assinamos é cada vez mais nossa condenação à morte."; "A ausência de esperança torna tudo suportável."; "Mas se nos deixa na calma total ficamos no desespero total."; "Todos os caminhos levam inevitavelmente à perversidade e ao absurdo."; "Nós só podemos reformar o mundo se o reduzirmos ao nada."

A filosofia, religião e política estão presentes em *Immanuel Kant*: "Impossível discorrer sobre a razão em alto-mar."; "A igreja é o assassinato da natureza."; "O sistema é um falso sistema. O sistema é sempre um falso sistema."

Há um incremento do pessimismo e sarcasmo em *Elizabeth II*: "Mal nascemos fugimos da morte."; "A massa é nojenta."; "O mundo inteiro está saturado de idiotia. O mundo inteiro está estropiado."; "Aquele que sofre com frequência torna-se poeta."; "Os pais depositam tudo nas crianças e por isso as arruínam."; "Aquele que lê algo seu torna-se de fato ridículo."; "O filósofo precisa de ar bom, nada é mais importante que o ar bom para o filósofo. O ar bom é o melhor alimento do pensador."

Artes, artistas, filosofia, língua, público são os objetos dos aforismos na peça *Os Célebres*: "Disciplina é hoje uma palavra estranha."; "O povo é apenas uma cabeça inchada de imbecil."; "O gênio deve se guardar de querer aprender o que quer que seja com a mediocridade."; "A mediocridade é uma camisa de força na qual os medíocres são fechados durante suas vidas, como o gênio durante sua vida na camisa de força do gênio."; "A estupidez e a fraqueza de espírito dissolvem um casamento."; "Não há nada mais terrível mais repugnante que um casal de artistas."; "A filosofia alemã é uma mina inesgotável para um ser que pensa."; "A língua é um instrumento matemático de ideias."

Os aforismos, nas peças de Thomas Bernhard, ratificam as temáticas, que se repetem. Assim, em muitas delas encontramos aforismos que serviriam e poderiam estar em outras peças dele, pois são obsessões temáticas do autor. Então, como vimos acima, com maior ou menor incidência, nos defrontamos com assuntos como arte, artistas, doença, família, filosofia, língua, medicina, médicos, mundo, política, religião, vida. Eles consubstanciam um paradoxal niilismo crítico. A busca pela palavra e frase adequadas, definitivas, que sintetizem uma verdade, é uma busca carregada de ansiedade e angústia.

No começo da peça *A Sociedade da Caça*, a personagem Escritor está à procura de um aforismo, que não consegue lembrar. Suas leituras são perturbadas, pois ele está pensando no aforismo e, quando lembra, sente-se aliviado e desabafa dizendo que o aforismo é a garantia de uma argumentação correta. A criação de aforismos foi um campo propício para que ele se utilizasse de jogos de palavras e repetições, o que lhe permitiu ir contra os hábitos regulares e romper com os costumes deste mundo onde tudo parece ser simples, mas é muito complicado. Percebemos, também, que o aforismo em Thomas Bernhard faz a ligação entre o literário e o filosófico. Ele é um artista pensador. Então temos a sua visão de mundo por meio das frases curtas e concisas da filosofia sentenciosa.

Em seu livro *Teoria do Drama Moderno (1880-1950)*, Peter Szondi fala da explosão da forma dramática e aponta, como índices dessa ocorrência, a supressão do diálogo, o presente pressionado pelo passado, a concentração na personagem central e a não relação de reciprocidade entre as personagens. Assim, elementos formais épicos surgem como tema. Já Anatol Rosenfeld afirma que Büchner, ao trabalhar com a temática da solidão, "contraria um dos traços estilísticos fundamentais da Dramática pura, que exige tensão e conflito, e opõe-se principalmente ao diálogo dramático"[42]. Szondi e Rosenfeld, ao falarem da crise do drama, parecem comentar procedimentos próprios da produção dramatúrgica de Thomas Bernhard.

Também as personagens de Tchékhov esvaziam o diálogo ao se esconderem na "concha" das suas vivências subjetivas, ligadas ao passado relembrado ou ao futuro utópico. Assim, continua Rosenfeld, apresentam "forte teor de traços estilísticos lírico-épicos, única maneira de resolver os problemas propostos pela temática da sua obra."[43] E Jean-Pierre Sarrazac disse que: "Atento à lição brechtiana, estou, de fato, persuadido de que a complexidade das relações humanas e sociais de nossa época só se deixará circunscrever, no teatro, *com a ajuda da forma*."[44]

Thomas Bernhard não renunciou a forma dramática, mas, ao substituir o diálogo pelo monólogo, desconstruiu, pulverizou e questionou o dramático. Mas essa pulverização do dramático não lhe impediu de promover o embate, o encontro e a

---

42. Op. cit., p. 79.
43. Ibidem, p. 93.
44. Op. cit., p. 26.

oposição entre os homens. Essa descaracterização do dramático lhe permitiu revelar as suas ideias e os seus pensamentos sobre o homem, o teatro e a sociedade do seu tempo; principalmente com a criação de aforismos. Aforismos cujas verdades do discurso, muitas vezes, estão muito próximas do lugar-comum. Utiliza a língua não só para emitir conceitos, mas para produzir sons; a música surge pela repetição e jogos de palavras. Como na música, ele usou a fuga como estrutura, forma e padrão das suas peças, empregou a polifonia da repetição de um tema a fim de expor incansavelmente algo que deseja reforçar. A repetição, que além de propiciar a musicalidade do texto, foi um recurso utilizado por Thomas Bernhard para dissimular a própria falta de conflito e tornar possível o entendimento daquilo que está sendo reforçado. O silêncio, ou o não dito, das outras personagens que não monologam, configuram uma coralidade em cena e também contribuem para esvaziar o diálogo dramático. O discurso do eu que monologa é, dessa forma, a única possibilidade de realidade da personagem, que está acostumada a viver na solidão, para falar dos mais diversos temas, sejam trágicos ou cômicos.

4.
O TEATRO PROVOCATIVO
DE THOMAS BERNHARD

O teatro de Thomas Bernhard é provocativo por ser discursivo, por ser o teatro da palavra, mas principalmente por fazer uso do grotesco e da ironia. É provocativo por ser portador de um discurso transgressor, de uma negatividade radical, por seguir na contramão do estabelecido. Ser contraditório sempre foi sua obsessão. É provocativo por que se trata de um teatro de ruptura: o teatro contra o teatro. É provocativo por ser escrito por um artista e profissional do exagero. É provocativo porque foi produzido por um autor instigante, o poeta da contradição ontológica.

Em suas declarações controversas, Thomas Bernhard dizia ignorar o sentido que as pessoas atribuem à palavra "escritor" e que tudo o que elas podem imaginar a respeito disso é seguramente falso. Ele não se considerava um escritor, mas alguém que escrevia. Não tinha nada de um autor agradável ou de um contador de histórias, exemplo que, no fundo, ele odiava. Bernhard foi um destruidor de histórias, um típico destruidor de histórias, que pode escrever não importa onde, nem quando. Ele era capaz de escrever no meio das pessoas, no maior barulho, pois entendia que se as coisas não estão no ponto, não adianta o silêncio; não existe lugar ideal para a escrita. Quando se sentia particularmente bem, de bom humor, forte, cheio de vitalidade, então não escrevia; não sentia nenhuma vontade de escrever. A raiva era vista por ele como um estímulo e uma excelente condição de trabalho; um impulso para escrever a partir de algum acontecimento desagradável, que ele transformava em produção. Ele não pensava em nenhum leitor quando escrevia, porque não se interessava em saber quem leria. Seu prazer era escrever, e isto lhe era suficiente.

Quem sabe se o que eu escrevi ali é verdade? Eu me espanto sempre de ver quantas vidas se consideram como a sua, vidas que certamente apresentam todas as semelhanças, mas que são apenas figuras que têm muito ou pouco a ver consigo, com não importa quais outras vidas. Tudo é verdade e nada é verdade, do mesmo modo que tudo à vezes é belo e feio, morto e vivo, de um gosto perfeito e de um gosto horrível.[1]

Bernhard relata que, em uma época, para ganhar dinheiro, trabalhava na Rádio Austríaca, em um pequeno jornal radiofônico em Viena, mas como era muito preguiçoso para reler tudo o que era necessário, quando, por exemplo, via-se diante de uma conferência sobre Heidegger, citava frases que inventava como se fossem de Heidegger. Ocorria a ele uma ideia qualquer e escrevia: "como Heidegger dizia..." Fazia isso pois, afinal, diante de milhares de páginas, quem teria a paciência e o cuidado de ler atentamente milhares de páginas só para verificar a autenticidade ou não do conteúdo transmitido pela rádio?

Outro fato relatado por Thomas Bernhard, e que nos permite constatar como o contraditório e o extremo sempre fizeram parte da sua caminhada, é o seu ódio pelos livros que se deu por volta dos dezesseis ou dezoito anos. Ele vivia, então, na casa do seu avô materno, que escrevia muito e tinha uma biblioteca imensa. Estar todo o tempo no meio de livros, ter que

1. T. Bernhard, *Ténèbres*, p. 100.

atravessar a biblioteca todos os dias era para ele quase um suplício. Na verdade, Bernhard nunca soube dizer por que motivo começou a escrever. Ao ser indagado, respondia com objetividade à pergunta: por que o senhor escreve livros? *"Por um espírito de contradição em relação a mim mesmo*, pela oposição a um estado de fato, porque resistir, como eu já disse, exprime a meus olhos TUDO. Eu desejava viver em estado de permanente oposição. Eis por que escrevo..."[2]

O Grotesco em Thomas Bernhard

"O drama que se vai ler nada tem que o recomende à atenção ou à benevolência do público."[3]

Essa frase bem que poderia ter sido escrita ou dita por Thomas Bernhard ou, então, por alguma de suas personagens de teatro. Mas não, ela foi escrita por Victor Hugo, em 1827, como as primeiras palavras do prefácio da sua peça *Cromwell*, no qual ele discorre e pensa sobre o grotesco e o sublime.

Thomas Bernhard utilizou o grotesco das mais diversas formas, aspectos e procedimentos na sua produção literária e, marcadamente, na teatral. Assim, Bruscon, personagem central da peça *O Fazedor de Teatro*, diz, numa fala que muito se assemelha e nos remete àquela de Victor Hugo, que: "O teatro não é nenhuma instituição de benevolência." Tal fala poderia ser o mote de toda a obra dramatúrgica de Thomas Bernhard, pois nela não há espaço para complacência ou indulgência, seja em relação ao conteúdo, à forma, às personagens, aos atores ou ao público.

O grotesco, talvez não ainda descrito e visto como uma "categoria estética", já vinha sendo utilizado desde os primórdios da arte. Apresentava e apresenta, como características, o afetado, o asqueroso, o bizarro, o chocante, o contraditório, o deformado e

---

2. Ibidem, p. 65.
3. V. Hugo, *Do Grotesco e do Sublime*, p. 13.

a deformação inesperada, o desarticulado, o desordenado, o desproporcional, disparates levados a sério, o dissonante, o distorcido, dualismos tensos, o estraçalhado, o exagero, o extravagante, o hiperbólico, mistura dos domínios, repetições, o repugnante, o ridículo, simultaneidade de aspectos e qualidades, o sinistro, o sombrio, a transgressão, o turbulento e o geralmente assustador. Muitos desses adjetivos poderiam ser empregados para classificar ou qualificar a dramaturgia de Thomas Bernhard. Indo além, aspectos fundamentais do grotesco estão no despedaçar, no dilacerar, a realidade, atitudes próprias de quem se utiliza desse, digamos, modo de expressão; está em jogo o gerar e provocar estranhamento do mundo. O grotesco pode ser visto, então, como a subversão e quebra das normas e formas canônicas, dos padrões e verdades fixadas e vigentes. Trata-se, portanto, da ordem do mundo colocada fora dos eixos, atitude e procedimento que Thomas Bernhard sempre prezou e praticou.

Segundo Muniz Sodré e Raquel Paiva, para provocar os efeitos do grotesco é preciso que, "no contexto do espetáculo ou da literatura, estas produzam efeitos de medo ou de riso nervoso, para que se crie um *estranhamento* do mundo, uma sensação de absurdo ou de inexplicável, que corresponde propriamente ao grotesco"[4]. É esse riso nervoso que experimentamos quando estamos diante de uma criação de Thomas Bernhard.

A palavra "grotesco", geralmente vinculada ao deformado e ao onírico, com o passar dos tempos foi ganhando outras conotações, sendo compreendida também como aquilo que nos incomoda e que se encontra no lado sombrio da realidade, e que alguns provocadores, como Thomas Bernhard, têm a coragem de revelar. Grotesco é o embate, a fricção entre cultura e corporalidade. Disso resulta a vontade de desconstruir o idealizado, de expor as vísceras e não o invólucro. O grotesco pressupõe uma atitude. Thomas Bernhard era um homem de atitude, e o seu teatro é a expressão e a concretização dessa atitude.

---

4. *O Império do Grotesco*, p. 56.

Wolfgang Kayser esquadrinha a história das singularidades que vão compondo uma atitude comum por parte de criadores que têm afinidade com as potências do termo que dá título ao seu livro, em dado momento aponta traços inicias dessa visão de mundo no idioma alemão: "A mistura do animalesco e do humano, o monstruoso como a característica mais importante do grotesco, já transparece no primeiro documento em língua alemã."[5] Thomas Bernhard foi então herdeiro de uma determinada linhagem de escritores e de teóricos de períodos da história da literatura alemã, com relação ao emprego ou discussão do grotesco.

Com Wieland[6], em sua reflexão artística do século XVIII, temos a tentativa de conceituar o grotesco enquanto categoria estética. Ele assim o faz quando escreve sobre os três gêneros de caricaturas:

1. "as verdadeiras, onde o pintor simplesmente reproduz a natureza disforme tal como a encontra"; 2. "as exageradas, onde, com algum propósito especial, aumenta a deformação de seu objeto, mas procede de um modo tão análogo ao da natureza que o original continua sendo reconhecível"; 3. "as inteiramente fantásticas, ou, a bem dizer, onde o pintor, despreocupado com a verdade e a semelhança, se entrega a uma imaginação selvagem [...]"[7]

É perceptível a relação de proximidade e contato do grotesco com a caricatura e a sátira; geralmente naquilo que elas têm de amargo. O grotesco seria a caricatura sem ingenuidade. Quando a caricatura torna-se mais ácida, transforma-se, imediatamente, em uma cena grotesca. Thomas Bernhard foi um digno representante da estética do exagero. Muitas das suas personagens podem ser lidas e classificadas como caricaturas, porém mantêm uma estreita ligação com o real e a realidade.

---

5. *O Grotesco*, p. 24.
6. Christoph Martin Wieland (1733-1813). Romancista e poeta alemão. Tradutor das principais obras de Shakespeare para o alemão. Seu humor lembrava a ironia de Voltaire.
7. Apud W. Kayser, op. cit., p. 30.

No romantismo, Friedrich Schlegel Wilhelm fala do grotesco como sendo "a mescla do heterogêneo, a confusão, o fantástico e é possível achar nelas até mesmo algo como o estranhamento do mundo"[8]. Para F. Schlegel, na lugubridade do grotesco revela-se o mistério mais profundo do ser. De certa forma, o grotesco em Thomas Bernhard se apresenta ao expor do homem aquilo que ele tem de mais abjeto, de mais desprezível, de mais escuro, de mais estranho. Quase bestial.

As associações da tragicomédia com o grotesco já se encontravam presentes desde o *Sturm und Drang* e no Romantismo. Podemos dizer que a história do grotesco, no seu cerne, tem uma estreita relação com a história da tragicomédia. Ainda no campo da dramaturgia, não podemos nos esquecer de Shakespeare, da *Commedia dell'Arte* e também de Molière. Essa mistura entre os gêneros – comédia e tragédia – é presente, requisitada e nominada por Thomas Bernhard na sua dramaturgia.

Na literatura alemã do século XIX, outros elementos característicos do grotesco, que não só os tipos humanos, foram assimilados e utilizados. F.T. Vischer os chamou de insídia do objeto ou de poderes insidiosos. Fala, também, do jogo louco do acaso, que nomeia como "'[princípio] de turbilhão' [...] que começa num movimento muito leve e vai se alargando incessantemente, atraindo meio mundo para a voragem de seu funil"[9]. Vemos Bruscon, a personagem central de *O Fazedor de Teatro* cair em suas próprias armadilhas, além de ser enredado pelos acontecimentos sobre os quais não tem nenhum domínio, como a chuva e o incêndio.

Kayser avalia que, "[...] no século XX, o grotesco é o solo nutritivo de largos domínios da pintura e da literatura"[10]. O grotesco é visto, então, como um elemento que, com frequência, encontra-se presente na produção artística daquele século, com

8. Ibidem, p. 56.
9. Ibidem, p. 100.
10. Ibidem, p. 112.

ressonâncias na cena contemporânea. Em obra já citada, Sodré e Paiva corroboram esse pensamento, acrescentando que o grotesco é algo que se tem feito presente desde a antiguidade até os tempos modernos, e que, nesse sentido, ele é supratemporal ou transtemporal. Wolfgang Kayser acentua, ainda, ao falar dessa arte desarmônica, que: "De fato, a arte atual evidencia uma afinidade com o grotesco, como jamais, talvez, teve qualquer outra época.[11]" Podemos constatar isso em toda a produção literária de Thomas Bernhard.

Hegel, por sua vez, sempre empregou a palavra "grotesco" de maneira depreciativa. Ele apresenta e menciona três características desse termo: "grotesco é a mistura injustificada de diversos domínios [...]. Grotesca é ainda a 'desmedida' (*Masslosigkeit*), a 'deformação' (*Verzerrung*). [...] Mas grotesca é também, finalmente, a antinatural 'multiplicação de um e mesmo traço característico'[...]"[12]. Tal análise sobre o grotesco nos leva a relacioná-la às deformações, físicas ou psicológicas, das personagens, e às repetições e ampliações de temas, frases e palavras presentes nas peças de Thomas Bernhard, na arte do exagero, no sentido mais amplo que esse termo possa ter.

Personalidades letradas, como Montaigne, Goethe, Hegel, Nietzsche, Voltaire e Schlegel já haviam abordado o tema grotesco, em ensaios e em outros escritos. Voltaire, por exemplo, nos fala sobre o grotesco shakespeariano. Mas foi Victor Hugo, efetivamente, um dos primeiros a sistematizar e pensar sobre o conceito e o uso dele. No seu prefácio de *Cromwell*, como se estivesse escrevendo um manifesto, ele enfatiza a importância do grotesco no drama.

Kayser afirma que E.T.A. Hoffmann[13] foi um mestre na elaboração de cenas grotescas; e que na obra dele se encontram todas as formas de grotesco dos últimos trezentos anos por

11. Ibidem, p. 8.
12. Ibidem, p. 92.
13. Ernst Theodor Amadeus (Wilhelm) Hoffmann. Escritor, compositor e caricaturista, nasceu em Köningsberg, em 1776 e morreu em Berlim, em 1822. Seu nome sempre esteve ligado à literatura fantástica.

ele analisadas. Ele constata três tipos de figuras grotescas em E.T.A. Hoffmann: primeiro a figura externamente grotesca; segundo, os artistas excêntricos; terceiro, as figuras "demoníacas", de aspecto e conduta grotescos. Kayser aponta, também, o caráter abismal do relato hoffmaniano no fato de que o artista, por ter uma interioridade mais rica, está muito mais sujeito e exposto a outros fatores que alienam o mundo. Assim: "Em E.T.A. Hoffmann, é sempre o artista quem constitui o ponto de contato para a erupção das potências sinistras e é sempre ele quem perde a relação segura com o mundo, porque lhe é dado penetrar através da superfície da realidade."[14]

A obra dramatúrgica de Thomas Bernhard é pródiga nesse sentido. São muitas as peças que têm como temática a arte e muitas as personagens que são artistas. Dentre estas, podemos citar: A Rainha da Noite, a Cantora (*O Ignorante e o Louco*); Garibaldi, o Diretor Artístico do Circo e a sua trupe (*A Força do Hábito*); a Atriz (*O Presidente*); o Baixo, a Soprano, o Tenor, o Ator, a Atriz, o Diretor, o Maestro, o Pianista, além das marionetes de artistas (*Os Célebres*); Minetti, o Velho Ator (*Minetti*); o Dramaturgo (*No Alvo*); os irmãos Karl, Velho Artista de Circo e Robert, velho ator (*As Aparências Enganam*); Bruscon, homem de teatro e a trupe formada pela sua família (*O Fazedor de Teatro*); as irmãs Ritter e Dene, atrizes (*Ritter, Dene, Voss*); e Ele, o velho ator (*Simplesmente Complicado*). Essas personagens são, muitas vezes, associais, discordantes, obstinadas, pessimistas, provocadoras e ressentidas que, através dos monólogos, revelam a solidão em que se encontram. Elas parecem, quase sempre, procurar sofrimentos e tormentos para que possam realizar as suas obras. Geralmente mostram-se seduzidas pelas próprias palavras e não pela conversação, enfrentam o mundo em que vivem e o maldizem, sentem-se vítimas da sociedade, falam tudo que lhes vem à cabeça, só pensam no pior, precisam dos infernos para se sentirem vivas.

---

14. W. Kayser, op. cit., p. 72.

Victor Hugo disse que o grotesco é o germe da comédia, pois se de um lado há o disforme e o horrível, do outro há o cômico e o bufo. É também nesse sentido que Thomas Bernhard se apropria e se serve dele, transformando em risível o que nos atormenta, o que nos incomoda, o que nos dói. Trata-se de um riso derrisório, irônico, satírico. Ainda nessa equiparação e associação do grotesco com o cômico, Kayser diz que: "Formalmente, é difícil, neste caso, distinguir entre o cômico e o grotesco. Ambos empregam com a discrepância o mesmo meio."[15] E que "as relações que [...] se estabelecem entre a comicidade e o grotesco, e tornam compreensível por que o grotesco é concebido tão frequentemente como subespécie do cômico, também neste caso é possível distinguir com muita precisão os dois fenômenos"[16]. Mas trata-se de um sorriso que carrega a dor, um riso angustiado que proporciona um humor tenso e que é inerente ao grotesco. Dessa forma, o grotesco aproxima-se da tragicomédia. Segundo Kayser: "o cômico anula de maneira inócua a grandeza e a dignidade, de preferência quando são afetadas e estão fora de lugar. Provê esta anulação, colocando-nos no solo firme da realidade. O grotesco, por seu turno, destrói fundamentalmente as ordenações e tira o chão de sob os pés"[17].

Em Thomas Bernhard encontramos o humorismo do grotesco através da comicidade, da sátira, da ironia. A relação entre humor e grotesco é acentuada. O que não quer dizer que seja um facilitador ou amenizador para o espectador/leitor. Ele não será poupado. Não haverá comedimento ou concessão. Através do exagero, não só da realidade, mas das atitudes extremadas das personagens, temos a ridicularização das mesmas, que se tornam cômicas. Thomas Bernhard desenvolve uma forma estilística própria do grotesco. Suas personagens são caricaturas em suas deformações, sejam elas de ordem física, psicológica ou pelas suas extravagâncias. É então que o grotesco se transforma

15. Ibidem, p. 105.
16. Ibidem.
17. Ibidem, 61.

em sátira e ironia. O grotesco se converte no bizarro, no burlesco, onde o indivíduo já não é mais o ente demoníaco, mas alguém que se protege através do uso de uma máscara. Máscara esta que é desvelada aos espectadores; mas nem sempre às outras personagens. Percebemos, então, que em Thomas Bernhard o humor é uma parte inerente ao grotesco. É o riso tenso e o espanto do espectador/leitor que serve de indicador para a caracterização do grotesco.

Um dos grandes nomes do grotesco nas artes plásticas foi o pintor flamengo James Ensor (1860-1949). Figura solitária na sua Ostende, a mesma cidade em que o ator, personagem da peça *Minetti*, chega para encontrar-se com o diretor que lhe prometeu o papel principal na peça. Thomas Bernhard faz com que ele – o ator – carregue em sua mala uma coroa confeccionada por ele mesmo, assim como a massa festiva está mascarada, o que nos remete às pinturas de máscaras de Ensor, que

> desenvolve um novo traçado de desfibramento e fracionamento contínuo, por meio dos quais representa de forma penetrante a malignidade do mundo das coisas e a natureza angustiante imaginária do espaço. Porém, ainda mais característico é o modo como torna estranho o homem: este converte-se em careta, larva, portador de máscara. Em si trata-se de motivos conhecidos e conteúdos familiares do grotesco. Ensor no entanto descobre um novo poder, que subjuga o indivíduo e o despoja da sua essência própria, se é que jamais ele a possuiu: a massa. [...] Ensor volta sempre de novo a nos dar o momento em que se acercam as forças tenebrosas, já bem presentes [...] Plasma um mundo que já se tornou estranho e no qual em toda a parte se pode entrever algo de sinistro, mas nada disto logrou ainda irromper[18].

Nesse sentido, não só o discurso da peça, mas as imagens indicadas e descritas por Thomas Bernhard canalizam para o grotesco, uma vez que somos direcionados, induzidos e postos diante do universo das "imagens" de Ensor.

Wolfgang Kayser diz que, no século XX, os dramas de Schnitzler, Pirandello, Beckett entre outros, poderiam ser

18. Ibidem, p. 147.

denominados como grotescos. Ele ainda afirma que o grotesco, pelo fato de "apontar para os três domínios, o processo criativo, a obra e a sua recepção, é significativo e corresponde às coisas, indicando que o conceito encerra o instrumento necessário a uma noção estética fundamental"[19]. Ou seja, o grotesco é visto por ele como uma linha estética. Já Sodré e Paiva argumentam que o grotesco pode ser considerado uma categoria estética, pois "pode acontecer numa pintura, num romance, num filme, na vida real e assim por diante", sendo que "é próprio da categoria estética transitar entre as diferentes formas de expressão simbólica"[20].

O teatro de Thomas Bernhard, dentre as possibilidades de espécies de grotesco enumeradas por Sodré e Paiva, seria a do tipo crítico, pois é lúcido, cruel e risível, fatores essenciais para a compreensão da crítica operada pelo grotesco. Este é "um recurso estético para desmascarar convenções e ideais, ora rebaixando as identidades poderosas e pretensiosas, ora expondo de modo risível ou tragicômico os mecanismos do poder abusivo"[21]. Vislumbra-se, assim, uma ligação direta entre o ato criador comprometido e o cotidiano, não só a contemplação estética.

Historicamente, a dramaturgia chamada grotesca surgiu na Itália, entre 1916 e 1925. O grupo se autodenominou de *teatro del grottesco*. Deste grupo, faziam parte Antonelli, Cavacchioli, Fausto Maria Martini, Luigi Chiareli, Nicodemi, Rosso di San Secondo; mas o mais conhecido e significativo entre eles foi Luigi Pirandello. Adriano Tilgher, autor de *Studi sul teatro contemporaneo*, descreve alguns dos princípios desse grupo: "a absoluta convicção de que tudo é vão, tudo vazio, sendo os homens marionetes na mão do destino; suas dores, suas alegrias e suas ações são apenas sonhos de sombras num mundo sinistro e de trevas, dominado pelo destino cego"[22]. Todo esse teatro se

---

19. Ibidem, p. 156.
20. Op. cit., p. 35.
21. Ibidem, p. 69.
22. Apud W. Kayser, op. cit., p. 117.

empenhava na tragicomédia, e a noção da unidade de personalidade foi anulada. O herói torna-se prisioneiro da sua máscara, o mundo era estranhado a partir do homem. Mas conhecemos muito pouco desse teatro para irmos além em nossa leitura sobre ele, exceto pelos dramas de Pirandello, que são mais comuns em nossos palcos.

Muitas das personagens de Thomas Bernhard são apresentadas com a deformação caricaturesca do teatro de marionetes. As personagens são marionetes quando são manipuladas por aqueles que falam e que, portanto, têm o poder da manipulação. O mundo contrário é mantido em sua deformação: homens como bonecos. O mundo que tem o teatro de títeres como modelo de vida. Personagens com a frieza das marionetes e a sua ausência de afetividade. A artificialidade natural da marionete, empregada por Thomas Bernhard, requer dos encenadores e dos atores uma disponibilidade para enfrentar dificuldades e problemas. A influência de Kleist, nesse sentido, é notória. A epígrafe da peça *A Sociedade da Caça* é dele. E em *Os Célebres*, temos dois tipos de personagens: os atores e as marionetes de pessoas reais, como Richard Mayr, Richard Tauber, Lotte Lehmann, Alexander Moissi, Helene Thimig, Max Reinhardt, Arturo Toscanini, Elly Ney, Samuel Fischer. O Doutor da peça *O Ignorante e o Louco*, ao falar do caráter da artificialidade da arte, diz:

DOUTOR
como você sabe Senhora Vargo
trata-se
de um teatro de marionetes
aqui os homens não agem
marionetes
Aqui tudo se move
contra a natureza
o que é a coisa mais natural
do mundo[23]

23. T. Bernhard, *Die Stücke 1969-1981*, p. 127.

Com a amplitude do grotesco, nas suas deformações e exageros, Thomas Bernhard concebe o teatro como uma representação do mundo e o mundo como um teatro. E suas personagens, em suas angústias existenciais, têm a consciência de que, nesse mundo artificial, eles representam, assim como em *Antes da Reforma*:

VERA
Ensaiamos nossa peça de teatro
há trinta anos que os papéis foram distribuídos
cada um tem seu papel
repugnante e perigoso
cada um tem seu figurino
magoa se um usa o figurino do outro
Quando a cortina fecha
decidiremos os três juntos
Nenhum de nós tem o direito
de fechar a cortina quando lhe agradar
é infringir a lei
Em certos momentos eu me vejo efetivamente
sobre um palco
e eu não tenho vergonha dos espectadores
não como você tem
que a vergonha já tornou quase louca
eu não tenho vergonha
Existimos apenas
porque nos damos reciprocamente a deixa
para existir
você eu e Rudolf
enquanto isso nos convém
nós veremos
Algumas vezes é tão artificial e tão frio
dias inteiros
e depois isso se dissipa[24]

Em entrevista concedida a Krista Fleischmann, ao responder à pergunta se ele via uma pregação em uma igreja como um espetáculo, Thomas Bernhard ratifica não só como as suas

24. Ibidem, p. 717-718.

personagens agem e o que dizem, mas o seu próprio pensamento no que diz respeito ao mundo como um palco, o mundo como teatro, onde os atores principais são aqueles que detêm o poder, que dirigem o mundo. Inclusive comparando estes aos cantores de cabaré vienense Bronner, Farkas e Wehle:

> Mas não é outra coisa. Tudo o que existe no mundo é espetáculo. O papa também é um grande ator, independentemente do fato de que ele aprendeu um espetáculo muito baixo, é naturalmente nesse momento um dos maiores intérpretes. Trata-se de uma *peça mundial*. O papa, Ronald Reagan e Brejnev são como Bronner, Farkas e Wehle, porém num nível mais baixo. Mas de fato é também uma espécie de cabaré, que degenera às vezes em grande teatro, mas como isso seria insuportável, por vezes é preciso que se reduza ao cabaré. Os poderosos sempre representam muito bem juntos. Hoje é Carter, Reagan e Wojtila. Outrora foi o Duce, Hitler e Franco. Cada época tem seus intérpretes principais. E depois, de tempos em tempos, chega uma Evita Perón ou algo assim, uma Liz Taylor sobre o *palco do mundo*. Não se trata de outra coisa. Não é à toa que se diz o *palco do mundo*; de qualquer modo, tudo isso tem seu sentido. Tudo é um grande teatro. Onde o malvado Khomeini entra pela direita e chega, e o pequeno Kreisky chega pelos fundos, não é "os cavalos estão selados", tudo isto é muito divertido.[25]

Se pensarmos numa dramaturgia e predecessores germânicos de Thomas Bernhard, no que tange ao grotesco, chegaremos, também, em Lenz, Büchner, Wedekind. Eles apresentam uma arte dramática que tem, na metáfora da marionete, o princípio plasmador dos homens em seu mundo cênico. Kayser diz que foi com *A Cacatua Verde*, de A. Schnitzler, que tem como subtítulo "Grotesco", que a relação entre realidade e aparência – o teatro dentro do teatro – convergiu, juntou e confundiu. No caso de Thomas Bernhard, o teatro enquanto instituição é o espaço simbólico utilizado como simulacro da situação social e política do momento histórico da Áustria colocado em evidência e criticado por ele no palco. A problemática do artista como metáfora e modelo da sociedade austríaca.

---

25. K. Fleischmann, *Thomas Bernhard Entretiens avec Krista Fleischmann*, p. 59.

Há uma concentração no espaço físico em que acontecem as peças de Thomas Bernhard. Geralmente trata-se de um espaço doméstico, algumas poucas vezes, a cena ocorre em um lugar de trabalho. Tais espaços são facilmente identificados e reconhecidos pelos espectadores. Sarrazac enfatiza que "o espaço doméstico é discutido no palco do mundo; o lugar privado é submetido a um desmembramento e a um espaçamento"[26]. É o espaço da crise, da irritação, da perturbação. Crise, irritação e perturbação exacerbados na dramaturgia de Thomas Bernhard. A degradação e a desarmonia doméstica são pintadas com pinceladas de um alto grau de exagero. Sarrazac aponta, ainda, alguns espaços e objetos mitológicos e simbólicos onde o drama contemporâneo, que explora a vida cotidiana, se desenrola, sendo a mesa um dos mais recorrentes e triviais, em volta do qual a tirania familiar é exercida. Na tentativa de proteger-se, fugir ou esconder-se da vida pública, o indivíduo acaba sendo protagonista de um espetáculo, no teatro, sobre a sua queda na vida privada. Nas peças *Uma Festa Para Boris, O Ignorante e o Louco, A Sociedade da Caça, Sobre Todos os Cumes Há Paz, No Alvo, Ritter, Dene e Voss, Praça dos Heróis* e *Absolvição*, a mesa é o objeto e o espaço onde questões cruciais são levadas à cena.

Todas as manifestações artísticas, segundo Kayser, estão cheias do grotesco, "e um dramaturgo do nível de Dürrenmatt considera como única forma legítima da atualidade a comédia trágica e tragicomédia, isto é, o grotesco"[27].

A visão de Bakthin sobre o grotesco valoriza a cultura popular ao enfatizar, na obra de François Rabelais[28], o vocabulário da praça pública, as formas e imagens das festas populares. É interessante, ainda, observar a relação que Bakthin estabelece entre as imagens dos banquetes, presentes na obra de Rabelais, e o corpo grotesco. A voracidade tem aqui dimensões cômicas.

26. *O Futuro do Drama*. p. 85.
27. Op. cit., p. 8.
28. François Rabelais nasceu por volta de 1494, em Chinon, na França, e morreu em Paris, em 1553. Foi frade franciscano, beneditino, padre secular e médico. É reconhecido pelas suas obras cômicas *Pantagruel* e *Gargantua*.

A ingestão da comida é abundante, alegre, exagerada, excessiva e triunfante. O corpo que venceu sorve o corpo que foi vencido e se revigora. Bakhtin descreve assim a imagem do grotesco relacionada com a alimentação:

> O comer e o beber são uma das manifestações mais importantes da vida do corpo grotesco. As características especiais desse corpo são que ele é aberto, inacabado, em interação com o mundo. É no comer que essas particularidades se manifestam da maneira mais tangível e mais concreta: o corpo escapa às suas fronteiras, ele engole, devora, despedaça o mundo, fá-lo entrar de si, enriquece-se e cresce às suas custas. O encontro do homem com o mundo que se opera na grande boca aberta que mói, corta e mastiga é um dos assuntos mais antigos e mais marcantes do pensamento humano. O homem degusta o mundo, sente o gosto do mundo, o introduz no seu corpo, faz dele uma parte de si.[29]

Não ocorre de modo diferente na obra de Thomas Bernhard. A alimentação é uma constante; aparece, de certa forma, em todas as suas peças. Comida e bebida. Seja como citação ou presença efetiva. Há obsessivamente essa recorrência. Há sempre uma mesa onde será servida uma refeição, seja na casa ou num restaurante. Há sempre uma personagem preocupada com a comida, a reclamar da comida, a reclamar pela comida. Alimento como uma primeira necessidade e prazer do homem; mas, também, como um fator de sublimação que expurga, supre e compensa certas carências. Quer nos parecer que a comida assume o papel do prazer sexual e da afetividade, ou de outros sentimentos que as suas personagens têm tanta dificuldade de exteriorizar e praticar. Mas, também, podemos pensar nos momentos difíceis, relacionados com a escassez de alimento, pelos quais passaram os austríacos durante a Segunda Guerra, e que deixaram marcas profundas nas atitudes e comportamentos alimentares daquela sociedade.

Assim, em *Uma Festa Para Boris* vemos uma grande mesa na qual se encontram treze aleijados para comemorar o aniversário

---

29. *A Cultura Popular na Idade Média e no Renascimento*, p. 245.

de Boris; eles comem e bebem. A personagem Rainha da Noite, em *O Ignorante e o Louco*, comenta sobre o seu apetite sem limites após a representação, quando tudo está em ordem. O General da peça *A Sociedade da Caça* também diz, enquanto joga cartas, que tem um monstruoso apetite; já o Escritor, bebe. O Malabarista de *A Força do Hábito* confessa que é doido por mexilhões frescos, preparados com vinho branco de Bordeaux, e a personagem Garibaldi grita que amanhã terá carne fresca em Augsburgo. Quando começa a terceira cena de *O Presidente*, um garçom retira os pratos da mesa; mais tarde o Presidente abre uma champanhe e serve. No primeiro prelúdio de *Os Célebres*, todos, cada ator acompanhado da marionete que lhe serve de modelo, estão sentados em torno de uma grande mesa redonda, comem faisão, pato assado e bebem. Há uma senhora, na peça *Minetti*, que, para aguentar a solidão, bebe champanhe; os mascarados entram e saem com copos e garrafas nas mãos. No navio em que viaja, Kant solicita a presença do cozinheiro para reclamar, pois ele não suporta mais a sopa com cominho e diz que conheceu alguns reis que morreram com o excesso de cominho na sopa deles. E a senhora Kant está sempre preocupada com o menu, em *Immanuel Kant*. O terceiro ato de *Antes da Reforma* começa com três personagens – Clara, Rüdolf e Vera – comendo medalhões de vitelo e bebendo champanhe alemã. No início da segunda cena de *O Reformador do Mundo*, o Reformador tem um grande guardanapo em volta do pescoço; come ovos quentes e um pedaço de pão. Ele diz que precisa perder peso, já não aguenta mais aquela refeição; então, ao meio-dia pede para a mulher que trabalha na sua casa uma omelete ou um bife macio à inglesa, ou talharim. Afirma que os cozinheiros nos têm nas suas mãos. A última fala da peça é o Reformador gritando pelo seu talharim. *Sobre Todos os Cumes Há Paz* principia ao ar livre, com a senhora Meister e a senhorita Werdenfels arrumando a mesa para o café da manhã, onde mais tarde, com as presenças do senhor Meister e do jornalista Wegener, eles comerão e beberão. Brindam com vinho, e será assim por toda a peça:

comem torta e bebem café. Bebe-se muito chá nas duas partes de *No Alvo*. Robert relembra, em *As Aparências Enganam*, que o prato predileto da sua finada esposa era aspargos, e gulodices quando estava só. Ele e seu irmão Karl tomam água mineral quando conversam. Bruscon, em *O Fazedor de Teatro*, fala incessantemente da sopa da existência, a Sopa Frita. A própria estrutura da peça *Ritter, Dene, Voss* nos remete à comida; ela está dividida em Antes do Almoço, O Almoço e Depois do Almoço. O espaço é a sala de jantar onde, após tomarem sopa, as personagens comem carne, batata, arroz, salada e bebem vinho branco. Como sobremesa, melão e profiteroles. E, para finalizar, bebem café. Um dos temas das suas conversas é a comida. Já em *Simplesmente Complicado*, o Velho Ator recebe duas vezes por semana um jarro de leite, que ele detesta, mas continua com essa rotina para poder ver a menina que traz o leite, a única pessoa que ainda deixa entrar na sua casa. Ele sempre detestou a comida que faz e agora come papa de sêmola, ou salsicha com pão ou pão com queijo. Em *Elizabeth II*, a mesa é posta para o café da manhã, Herrenstein reclama para Richard que o café da manhã sempre lhe pesa no estômago. E reclama, também, quando vê a senhorita Zallinger, sua governanta, com mais duas empregadas preparar cinco mesas para o bufê dos convidados que virão ver, da sacada da sua casa, a passagem da rainha. Na terceira cena de *Praça dos Heróis* é servida uma sopa.

Nas peças curtas – por exemplo, *Dramolette* –, a comida também se faz presente; mas não em todas. Em *Absolvição*, as personagens, juízes de tribunais e suas esposas, estão em torno de uma grande mesa redonda; comem bolos, cremes e bebem champanhe para comemorar a absolvição de um juiz de crimes contra a humanidade. *Sorvetes* se passa numa praia do mar do norte, onde o Primeiro Ministro-Presidente e o Segundo Ministro-Presidente, ambos obesos, estão com suas respectivas esposas. Ao chamarem pelo Vendedor de Sorvetes, de origem turca, todos são executados a tiros pelo mesmo. *O Almoço Alemão* é uma tragédia: a família Bernhard, formada por aproximadamente uma centena de pessoas, almoçam em volta de uma pequena mesa e conversam sobre política. Tomam sopa, que é chamada de sopa de nazista e não sopa de macarrão. Em *Tudo ou Nada*, três políticos nacional-socialistas participam de uma gincana televisiva, cuja totalidade dos ganhos será destinada ao comitê contra a fome no mundo. Após experimentar e comprar uma calça, em *Claus Peymann Compra Para Si uma Calça e Vai Comigo Comer*, Claus Peymann convida Thomas Bernhard para tomar um caldo de carne e diz que na Áustria nada é melhor do que o caldo de carne, pois a Áustria é a terra do caldo de carne. Em *Claus Peymann e Hermann Beil em Sulzwiese*, enquanto conversam sobre teatro comem escalope de vitela e depois tomam café.

A configuração do grotesco em Thomas Bernhard é a investida de associar, conspirar, exorcizar, invocar, rebelar-se e tramar contra o desagradável e o incômodo do mundo e, principalmente, do seu país, a Áustria. O grotesco é seguramente um termo importante na obra de Thomas Bernhard, uma categoria estilística, no que tange à atitude, conteúdos, efeitos e estrutura que concretiza o pensamento desse autor. Pensamento movido pelo exagero, muitas vezes caricatural, da sua visão de mundo; um mundo tornado estranho, que nos leva ao riso. Thomas Bernhard aumenta e exagera a realidade a partir da sua face real. A formulação e o emprego do grotesco em Thomas Bernhard são marcadamente perceptíveis, se processam e se efetivam pelo uso do disforme em detrimento do belo, do sombrio em relação à luz. A eficácia da sua obra se processa do cruzamento do grotesco com o sublime. Desse modo, a poesia completa ou verdadeira estaria na harmonia dos contrários; o que ocorre com frequência em nossa vida e nos atos de criação. O grotesco em Thomas Bernhard nos possibilita vislumbrar, após um tempo de parada e comparação, as diversas facetas e detalhes de um mesmo objeto/tema naquilo que ele tem de instigante para despertar-nos o interesse, para provocar-nos. O grotesco manifesta-se principalmente como comédia em Thomas Bernhard.

Outro aspecto a ressaltar, que ratifica o emprego do grotesco em Thomas Bernhard, é que as suas personagens, por mais providas que sejam de uma genialidade, carregam no seu íntimo a bestialidade que as tornam cegas aos atos de inteligência e, por isso, são humanas e dramáticas. Elas usam da ironia, do sarcasmo e da zombaria em relação aos outros, e assim provocam o riso derrisório; mas são irremediavelmente tristes, triviais, ridículas, fechadas em sua misantropia. Ficamos atônitos com seus fracassos, com suas incapacidades de lidar com a realidade, pois elas vivem num outro mundo, alienadas num mundo idealizado, sonhado. E nos revelam aquilo que têm de afetado, assustador, contraditório, deformado, desconcertante, desordenado, desproporcional, macabro, paradoxal e ridículo. São personagens que têm e sentem todas as dores do mundo e vivem angustiadas pelo tédio, pelo aborrecimento de viver. São melancólicas. O que é grotesco no discurso de Thomas Bernhard são os eventos representados, a maneira de falar e a verbiagem das personagens.

Suas personagens principais são bufões. Figuras grotescas que, ao se oporem às hipocrisias sociais e políticas austríacas, por meio do pronunciamento de verdades, da bufonaria da linguagem, nos proporcionam a diversão, ainda que amarga, ainda que desagradável. Isso ocorria com frequência com Thomas Bernhard, ao emitir suas opiniões sempre cáusticas, em suas aparições públicas.

Anatol Rosenfeld destaca que Bertolt Brecht, muito admirado por Thomas Bernhard, utilizou o grotesco de marca e cunho burlesco, como recurso de distanciamento. "Não é preciso dizer que a própria essência do grotesco é *tornar estranho* pela associação do incoerente, pela conjugação do díspar, pela fusão do que não se casa."[30] Além disso, lançou mão do uso frequente de máscaras parciais com distorções e deformações. "Pois o grotesco tende a criar *efeitos de distanciamento*, tornando estranho o que nos parece familiar."[31]

30. Op. cit., p. 158.
31. Ibidem, p. 71.

A opção e utilização do grotesco por Thomas Bernhard no seu teatro mostram-se como o procedimento apropriado para enfatizar as suas contradições, as das suas personagens, as das palavras e atos e as do mundo em que vivia. O grotesco como possibilidade de retratar e desnudar as diversas facetas da realidade, pois o grotesco penetra nas profundidades da realidade. Ele nos revela, assim, a sua visão deste mundo, ao desnudá-lo criticamente. E assim, instigados, irritados e provocados, temos ciência deste mundo, que é uma mistura do grotesco com o sublime. Com o grotesco, frequentemente presenciamos a fragilidade e falibilidade daquele que é considerado superior. O idealizado corre o risco da queda, do ridículo. Victor Hugo, em *Do Grotesco e do Sublime*, acentua as vantagens do grotesco, ao falar que enquanto o belo tem somente um tipo completo, mas restrito, o feio tem mil possibilidades, ao apresentar aspectos novos, mas incompletos.

A Ironia em Thomas Bernhard

> *Há tanta ironia na sua peça*
> *Que ideia Salve-se Quem Puder*
> *que título fantástico*
> *Faz lembrar Shakespeare*[32]

O comentário da epígrafe é da personagem Mãe para a personagem Escritor, na peça *No Alvo*, de Thomas Bernhard. Ela diz ao escritor que agrada-lhe o cinismo; que o título da peça *Salve-se Quem Puder* é adequado, pois todos que entram em cena estão condenados à morte, se encaminham para a catástrofe; porque é obvio que ninguém se salva. A própria personagem Mãe reconhece no Escritor/dramaturgo um arquiteto, um construtor, um manipulador de vidas, de personagens e de marionetes, alguém que detém o controle sobre o que faz e, por isso, é

---

32. T. Bernhard, *Minetti Seguido de No Alvo*, p. 202.

livre. Nesse sentido, a ironia liberta a peça e o dramaturgo, que se utiliza dela para encaminhar e determinar a história. A ironia como incitamento e determinação da subjetividade, como provocação, conta com a cumplicidade da plateia, que muitas vezes sabe muito mais das ações e das personagens para que a ironia dramática se processe e se efetive.

O comentário da personagem Mãe nos remete ao que D. C. Muecke fala sobre a ironia no teatro: "O palco é um lugar onde alguma coisa está para acontecer ou ser revelada. Como a plateia sente isso mas as *dramatis personae* geralmente não, há um potencial básico de ironia inerente ao drama."[33]

E é a ironia, essa figura presente no teatro de Thomas Bernhard, que corrobora para que se consubstancie a provocação. Nesse sentido, a ironia é um traço essencial do discurso de Thomas Bernhard. Um mecanismo discursivo que aparece em toda a sua produção dramatúrgica, como um recurso crítico, como um ato de inteligência, que também produz o riso, por meio do exagero do emissor, ao zombar dos outros de maneira indireta, ao dizer com outras palavras o que havia pensado. Há um atrito, uma distância e separação entre o que foi dito (o manifesto) e como é dito (o implícito), entre o literal e o figurado. Então, temos a ironia. É, pois, preciso um exercício de reflexão para que o entendimento e a compreensão da argumentação irônica, que prioriza o ridículo, se processem. Muitas vezes o receptor dessa ironia não reconhece ou não percebe que ele é o ser ironizado. Essa decalagem produz no espectador uma relação de cumplicidade com o emissor. Então, há uma cumplicidade tripla, implícita entre o autor, a personagem emissora e o espectador/leitor. Cumplicidade estabelecida por meio de códigos apresentados e trabalhados no desenvolvimento da peça, com o objetivo de que o leitor/espectador possa se dar conta da utilização da ironia. Dessa forma, o espectador/leitor participa ativamente do discurso, da produção de significados. Assim,

---

33. *Ironia e o Irônico*, p. 88.

o elemento crítico e provocativo se manifesta, ativando a percepção crítica e a consciência deles. Está implícito um processo dialógico no discurso irônico, ainda que a personagem monologue. E, ainda, segundo Muecke: "Todas as Ironias Observáveis são *teatrais* por definição, na medida em que é necessária a presença de um *observador* para completar a ironia."[34]

Diversos fatores interferem e ocorrem nesse uso de procedimentos e efeitos da ironia. Como, por exemplo, a ambiguidade do enunciado e da enunciação, o contexto, a contradição, a entonação, a intenção, a linguagem, a situação, a simultaneidade, o contraste entre aparência e realidade/verdade etc.

Há todo um arcabouço teórico de notáveis que trabalharam com a ironia, seja conceituando-a, seja empregando-a nos seus escritos. Dentre eles, citamos: Sócrates, Platão, Aristóteles, Hegel, Kierkegaard, Goethe, Freud, Brecht etc. Autores conhecidos ou admirados por Thomas Bernhard. Anatol Rosenfeld, ao comentar sobre os recursos de distanciamento que encontramos na obra de Bertolt Brecht, aponta que ele empregou, para "obter o efeito desejado, particularmente a ironia". E que Thomas Mann disse: "Ironia é distância."[35]

Assim, podemos falar de várias ironias: da ironia socrática, na qual a personagem secundária desmascara, por meio do seu questionamento, uma personagem mais importante; da ironia romântica, ou autoironia; da ironia situacional ou dramática, que não decorre do trabalho com a língua, mas é o resultado de uma série de circunstâncias ou do desvio entre o saber de uma personagem e aquele das outras personagens ou do espectador/leitor.

Já para Kierkegaard, a ironia era uma postura do autor. Thomas Bernhard tinha essa postura. Mas a dimensão do uso da ironia em Thomas Bernhard, como elemento estilístico, articulador, fundador e organizador de discursos, é muito mais crítica e dramática do que cômica. Expressa a sua visão de mundo, impregnada pela sua subjetividade, ideologia, aspectos da sua

---

34. Ibidem, p. 91. (Grifos do original.)
35. Op. cit., p. 156.

formação sociocultural e também pelos acontecimentos e fatos históricos da Áustria em que ele viveu. Ouvimos seus juízos de valores sobre o que se passou e se passava na sociedade austríaca. Se rimos quando lemos ou assistimos às peças escritas por ele, é sobretudo por causa do aspecto patético da situação ou pela obsessão compulsiva das personagens em relação a um ponto de vista ou às suas atitudes e pensamentos.

Numa fala da Boa Dama, personagem amputada da peça *Uma Festa Para Boris*, Thomas Bernhard, ao mesmo tempo que faz uma citação que nos remete ao teatro e às personagens de Samuel Beckett, empresta, também, à personagem Boa Dama a ironia cáustica que lhe é peculiar. Nessa peça, apenas a enfermeira que lê as peças para a Boa Dama e os dois enfermeiros que cuidam dos enfermos não são amputados. Então, a ironia se dá em relação à condição e ao estado físico da personagem que ouve e que é objeto da leitura, com ressonância nos espectadores.

Aliás você me apresentou ontem novamente
uma peça de teatro onde aparece um homem
que não tinha mais pernas
você me apresenta com predileção nos últimos tempos uma literatura
na qual aleijados representam um papel
infame
mas eu te perdoo
nós nos perdoamos
Porque de fato você não é malévola
você é maligna
não malévola
esta pequena diferença nas duas sílabas
a torna para mim sempre suportável[36]

Ironia paradoxal é a que ouvimos em *A Força do Hábito*. Thomas Bernhard faz com que a personagem Garibaldi enumere, para o Malabarista, uma série de ações, nas quais percebemos

36. T. Bernhard, *Die Stücke 1969-1981*, p. 14.

que as personagens envolvidas não têm livre-arbítrio. Ou seja, a ironia está em que, apesar de não gostar do que têm de fazer, eles são obrigados a fazer, têm de fazê-lo:

A verdade é que
eu não gosto do violoncelo
é uma tortura para mim
mas ele tem de se tocar
a minha neta não gosta da viola
mas ela tem de se tocar
o palhaço não gosta do contrabaixo
mas ele tem de se tocar
o domador não gosta do piano
mas ele tem de se tocar
E você também não gosta do violino
Nós não queremos a vida
mas ela tem de se viver
dedilha as cordas do violoncelo
Nós odiamos este Quinteto
mas ele tem de se tocar[37]

A ironia ganha outra dimensão quando, ao final da peça, Garibaldi não consegue realizar o ensaio da obra *A Truta*, de Schubert, com os componentes do quinteto. Então, ele expulsa todos do recinto. Cansado, deixa-se cair na cadeira, liga o rádio. No rádio, ouve-se a execução de *A Truta*, de Schubert. Cinco compassos.

Em *O Presidente*, temos ironicamente um cachorro como crítico. A Presidenta diz ao Presidente que o seu cachorro, que foi morto em um atentado pelos anarquistas inimigos do Estado, era o seu maior crítico:

PRESIDENTA *olhando para o cesto vazio do cão*
Meu pequenino crítico teatral
pobre do meu pequenino
Você ficava assistindo

37. Idem, *A Força do Hábito e Simplesmente Complicado*, p. 46.

toda vez que eu
ensaiava meu papel
diante do espelho
observando
e escutando
ele tinha um ouvido tão apurado
(*dirigindo-se ao presidente*)
eu percebia na hora
quando alguma coisa estava errada
O tom de voz
ou o modo de falar[38]

A ironia em Thomas Bernhard não se processa e se efetiva só com o emprego de frases e aforismos, mas também se dá na arquitetura do texto. Exemplo disso é a utilização do papagaio na peça *Immanuel Kant*. Temos aqui uma crítica irônica àqueles que falam o que não sabem, àqueles que não têm propriedade sobre o conhecimento que propagam. Ou seja, ele nos fala sobre o psitacismo, uma perturbação psíquica, um distúrbio de linguagem, que consiste em repetir palavras vazias em abundância sem se ter ideia do seu significado. Trata-se do conhecimento sem a operação da inteligência. A personagem Kant diz que apenas o seu papagaio poderia expor do modo mais exato possível, em todas as universidades do mundo, tudo aquilo que ele próprio já pôde pensar. Porém Kant teme que se perder o seu papagaio, perderá tudo. Então, por meio da memorização e fixação, da repetição mecânica de palavras ou de frases, da decoreba, Friedrich – o papagaio – foi treinado para ter a loquacidade, a verborreia de repetir tudo o que Kant havia pensado. Na peça, Friedrich apenas repete as últimas palavras e frases da personagem Kant, cujo sentido ignora. Alinha frases ocas, como sendo o eco de Kant. Também há ironia quando Kant diz que ele leva para a América a razão e a América lhe restituirá a visão; ou então, quando diz que Cristóvão Colombo descobriu a América e a América descobriu Kant.

38. Idem, *O Presidente*, p. 52.

É atroz e cruel a ironia que nós – leitores ou espectadores – sentimos na peça *Antes da Reforma*, quando Vera diz à sua irmã cadeirante, Clara, que a cadeira de rodas a protege da prisão. Ou quando Vera se vê como vítima da paralisia da irmã.

VERA
Você sentada na sua cadeira de rodas como num trono
e você dá as ordens
isso foi sempre assim
O bombardeamento terrorista a colocou no primeiro posto
Sua paralisia de fato foi a nós que ela paralisou
Rudolf e eu[39]

Chega a ser ironicamente patética a acusação que Rudolf faz à sua irmã Clara, como em *Esperando Godot*, de Samuel Beckett, quando Pozzo acusa o seu empregado Lucky de torturá-lo.

RUDOLF *levanta-se num pulo*
Eu te digo Clara
eu desejaria que você morresse
e nos deixasse em paz
você nos tortura há vinte anos
após bom tempo você ainda nos tortura[40]

Thomas Bernhard, nessa peça, por meio da ironia, critica a sociedade austríaca, que, após passadas algumas décadas da ascensão de Hitler ao poder, da anexação da Áustria pela Alemanha e do florescimento do nacional-socialismo, conservava, ainda que em pequenos núcleos familiares, memórias, reminiscências e culto ao passado. Assim, ao final dessa peça, o personagem Rudolf – Presidente de tribunal e antigo oficial ss – sofre um ataque cardíaco, ainda vestido com o uniforme da ss, especialmente utilizado para a comemoração do aniversário de Himmler, que ele e a irmã Vera fazem na casa deles anualmente.

39. Idem, *Die Stücke 1969-1981*, p. 729.
40. Ibidem, p. 762.

Então Vera precisa, com urgência, trocar o uniforme dele por outra roupa, antes que o médico da família chegue.

VERA *se ajoelha diante dele*
Rudolf
você me ouve Rudolf
meu querido Rudolf
meu muito bondoso Rudolf
ela começa a lhe despir o uniforme da ss
Terrível é terrível
para Clara
O que você faz sentada aí a me olhar
é terrível[41]

Há uma ironia tocante na peça O Reformador do Mundo, quando o Reformador, que dedicou toda sua vida para escrever um tratado sobre a reforma do mundo, fala para a mulher sobre a incompreensão do seu trabalho:

REFORMADOR
O triste é
que ninguém compreendeu o meu tratado
ninguém jamais compreendeu
o que eu disse em meu tratado[42]

Também é irônico o comentário que um velho ator, Robert, faz da tentativa de retomar a sua carreira com um texto de Shakespeare, depois da aposentadoria, em As Aparências Enganam:

ROBERT
Eu refiz uma tentativa
com Lear
mas eu esqueço o texto
eu não decoro mais nada
as palavras simplesmente escapam

---

41. Ibidem, p. 791.
42. Ibidem, p. 901.

da minha cabeça[43]

O problema de Robert é o mesmo que o próprio Thomas Bernhard enfrentava quando ator. E é paradoxal que Bernhard tenha, então, escrito tantos textos com grandes monólogos. Outro exemplo dessa ironia é a utilização do fato ocorrido no Festival de Salzburgo, quando da estreia da peça *O Ignorante e o Louco*. A administração do festival, junto com o corpo de bombeiros, proibiu que no final do espetáculo todas as luzes, inclusive as de emergência, fossem apagadas, o que provocaria a escuridão total tão desejada pelo dramaturgo e pelo encenador. Tal fato gerou um grande escândalo na época; Thomas Bernhard vociferou e polemizou. Como risse do próprio fato em que foi um dos agentes atuantes, Thomas Bernhard o inseriu – doze anos após ocorrido –, de maneira acentuada, em sua peça *O Fazedor de Teatro*, fazendo desse fato um dos movimentos importantes que permeiam toda a ação desse espetáculo. Também é amargamente irônico o que acontece com a personagem Bruscon, de *O Fazedor de Teatro*. No final da última cena, depois de tantos percalços para a realização da apresentação da sua peça *A Roda da História*, Bruscon vê todos os seus esforços caírem por terra, pois a plateia, que já estava presente na sala, prefere ver o espetáculo do incêndio que irrompe do lado de fora, na igreja da cidade.

Na peça *Ritter, Dene, Voss*, a personagem Ritter revela à irmã Dene que eram os 51% das ações que o pai possuía do teatro que oferecia a eles a liberdade de escolher, até então, em quais peças atuar ou colocar seus talentos em jogo quando lhes fosse conveniente. Por consequência, na visão de Ritter, o diretor do teatro é que dependia delas e não o contrário. Por isso tinham o direito de atuar apenas quando tinham vontade. O pai de Ritter e Dene – um gênio do comércio – lhes dera um seguro de vida na arte dramática. Então, com desdém, ironicamente Ritter afirma que:

---

43. Idem, *Der Schein trügt*, p. 48.

RITTER
A arte do teatro só é livre
quando se possui 51% das ações
para dizer a verdade
só me agrada uma vez a cada dois anos
subir no palco[44]

Há uma constatação irônica, quase que absurda, quando a personagem Ele, um velho ator aposentado, da peça *Simplesmente Complicado*, diz para si:

> Uma loucura
> assinar um jornal
> para estudar as ofertas de emprego
> com oitenta e dois anos[45]

É principalmente nas três peças curtas relacionadas ao encenador Claus Peymann[46] que Thomas Bernhard se mostra um mestre da arte da ironia, ao acentuar a sua arte do exagero a partir de fatos reais centrados no e voltados para o teatro. Thomas Bernhard, inclusive, se autoironiza nesses trabalhos.

O primeiro deles, *Claus Peymann Deixa o Bochum e Vai Como Diretor do Burgtheater Para Viena*, tem como tema central – é fácil adivinharmos – um momento em que Claus Peymann muda de local de trabalho, de cidade e de país. Na primeira cena dessa peça, Peymann, ainda no Bochum, pede à sua secretária, Christiane Schneider, que empacote alguns dramaturgos na mala de meias e jogue todas as peças na lixeira de papel, inclusive a nova de Bernhard. E que empacote alguns atores na mala de calças.

---

44. Idem, *Déjeuner chez Wittgenstein*, p. 112.
45. Idem, *A Força do Hábito* e *Simplesmente Complicado*, p. 166.
46. Claus Peymann, encenador alemão nascido na cidade de Bremen, em 1937, trabalhou como diretor e intendente nos principais teatros da Alemanha e da Áustria; inclusive no Berliner Ensemble. Dirigiu várias peças de Thomas Bernhard.

PEYMANN
Quanto aos atores
vamos levar apenas os bons
os ruins deixem aí
os caros deixamos aí
os modestos levamos
os muito loucos deixamos aí
os simples levamos[47]

A primeira fala, na segunda cena, já em Viena, na sala do diretor do Burgtheater, às onze horas da manhã, é a seguinte:

PEYMANN *para Christiane Schneider, que desfaz sua mala*
O que eu mais gostaria era de não desfazer nada
e voltar agora novamente para o Bochum[48]

Poderíamos chamar de trivial o segundo momento da vida de Peymann retratado por Bernhard; inclusive ele tem tudo a ver com o nome da peça, que é *Claus Peymann Compra Para Si uma Calça e Vai Comigo Comer*. Aqui, novamente, dois personagens dialogam: Claus Peymann e o próprio Thomas Bernhard. Eles relacionam o ato de experimentar uma calça ao ato de ensaiar uma peça e a outras ações do cotidiano. Em alemão, o verbo *probieren* significa tanto provar como experimentar e ensaiar.

PEYMANN
De um lado esta calça assentada
por outro lado Ricardo III na cabeça
isto deixa realmente feliz Bernhard[49]

Já no terceiro momento, na peça *Claus Peymann e Hermann Beil no Sulzwiese*, um ano após a sua chegada no Burgtheater, Claus Peymann almoça com Hermann Beil, seu assistente e dramaturgo, no Sulzwiese. Enquanto comem, eles falam de

---

47. Idem, *Claus Peymann kauft sich eine Hose und geht mit mir essen*, p. 14.
48. Ibidem, p. 17.
49. Ibidem, p. 29.

projetos, como o de encenar uma única vez, numa única noite, não mais do que cinco horas, todas as peças, personagens e sonetos de Shakespeare. Para isso, gostariam de contar com os melhores atores do mundo, com os melhores cenógrafos do mundo, com o melhor público do mundo, no Burgtheater, evidentemente. Falam, também de sonhos e pesadelos recentes e recorrentes, como os seguintes:

PEYMANN
Hoje à noite
eu sonhei que o chanceler Vranitzky me derrubou
e me sufocou
e a ministra da cultura Havlicek com um punho de pedreiro
me bateu na cabeça
e o prefeito Zilk me deu um pontapé
antes que eu estivesse desmaiado
os atores do Burg zombaram de mim
E você meu caro Beil
me fechou os olhos
fechou os olhos Beil
e fechou a boca[50]

Após comprar uma calça e comerem juntos, a personagem Claus Peymann diz para a personagem Bernhard que o mundo tem um monte de cabeças deterioradas e mesquinhas; inclusive a dele. Com ironia, lamenta:

PEYMANN
Pena que não se pode também facilmente
comprar uma cabeça nova Bernhard
eu gostaria de ir agora neste momento com você numa loja
e compraria para mim uma nova cabeça[51]

Thomas Bernhard tinha consciência de ser um ironista. Por isso, sabia que os seus textos propiciariam e provocariam

50. Idem, p. 68.
51. Ibidem, p. 47.

infindáveis, instigantes e polêmicas interpretações. Conhecedor das possibilidades da ironia, empregou-a para agredir, por analogia, como ataque, como forma de argumentação, para polemizar, como procedimento verbal, como provocação, como ênfase retórica e como zombaria. Também utilizou-se dela para criticar a Áustria e, por contiguidade, a todos os seguimentos da sociedade austríaca. Ciente de que ela, a ironia, podia servir tanto à comédia como à tragédia, o irônico Thomas Bernhard enfrentou abertamente a eventualidade das suas convicções e as materializou por meio das palavras, em sua obra dramatúrgica. Sentia prazer em criá-las, usá-las e ouvir as repercussões causadas por elas; como ironista, aproveitou todos os recursos de sua condição para evidenciar-se cada vez mais como autor ou como Deus, pois segundo D.C. Muecke, Deus é "o ironista puro ou arquetípico [...] Ele é o ironista *par excellence*, porque é onisciente, onipresente, transcendente, absoluto, infinito e livre"[52].

---

52. Op. cit., p. 68.

CONCLUSÃO

NO ALVO

> *Eu creio que as minhas coisas estão escritas de uma forma que não passa de moda. Os temas estão uma vez à frente e outra vez atrás, isso já se sabe. Durante décadas as pessoas não leem o Hamsun[1] e depois ele volta. Isso passa-se com todas as pessoas. Mas está com certeza, com toda a certeza, escrito conscientemente de uma forma que ainda daqui a cem anos se pode ler. Porque a linguagem é de tal modo que, no fundo, não pode passar de moda. Os temas passam de moda, isso sabemos nós no uso pessoal: que durante algum tempo comemos caviar e provavelmente passadas três semanas acabamos com isso, de uma maneira súbita, e depois comemos chouriço. Durante anos. Mas o caviar afinal volta sempre, ainda que só de forma breve.[2]*

Thomas Bernhard acreditava que a sua obra transcenderia o tempo em que foi concebida e apresentada aos leitores e espectadores de todas as eras. E a obra dramatúrgica desse artista da desarmonia está essencialmente transpassada e, pode-se dizer, encharcada pelas particularidades e tons da Áustria e da época em que ele viveu, mas, também, das ressonâncias e matizes de momentos cruciais e significativos da história recente da Áustria, momentos históricos da primeira metade do século xx, que ainda ecoam no presente e retumbarão no futuro. Nesse sentido, Thomas Bernhard, como uma máquina de impressão, deixou a sua marca. O que não significa que ele tenha escrito dramas históricos; há, em suas peças, o processo de constituição da ficção, ainda que consigamos identificar muitos pontos de contato com a realidade. Ele teve a audácia e a profundidade

---

1. Knut Hamsun (1859-1952), escritor norueguês, com vasta produção literária. Ganhador do prêmio Nobel de Literatura em 1920. Foi simpatizante de Adolf Hitler e Joseph Goebbels.
2. K. Hofmann, *Em Conversa Com Thomas Bernhard*, p. 34.

de tudo dizer sem hipocrisia, sem meias-palavras, sendo leal, honesto e verdadeiro consigo mesmo. Seus textos para teatro apresentam um alto grau de elaboração, de rebuscamento, mas transitam, naturalmente, da comédia à tragédia, do sublime ao grotesco. Teve a ousadia de se divertir em nos pregar peças, como, por exemplo, usar um diálogo que já não era mais diálogo. Viu no riso a possibilidade de provocação e de libertação.

"Toda época tem suas ideias próprias; é preciso que tenha também as palavras próprias a estas ideias. As línguas são como o mar, oscilam sem parada."[3] Thomas Bernhard soube fazer uso dessas ideias e palavras. O seu trabalho com a língua é exemplar. Trabalho imbuído das repetições das palavras, das frases, dos temas, o que gera uma musicalidade. Musicalidade que nos coloca num movimento de circularidade espiralada, num redemoinho de percepções e sensações. E nos tira do conforto do conhecido, projetando-nos na escuridão que perturba, levando-nos, logo na sequência, à nitidez, à claridade da realidade que nos incomoda profundamente, nos irrita incessantemente e nos provoca abertamente. Após a escuridão, a claridade nos deixa conscientes, nos revela a realidade dos fatos. Assim, Thomas Bernhard foi fruto e reflexo da sua época, de tempos sombrios, e conseguiu traduzir e iluminar, em suas obras, com maestria, esses tempos sombrios.

Na introdução falamos que não iríamos abordar o aspecto autobiográfico na dramaturgia de Thomas Bernhard; no entanto, é importante ressaltar a fala da personagem central da peça *Sobre Todos os Cumes Há Paz*, que é escritor como ele, e discorre sobre as experiências e vivências do homem que escreve:

SENHOR MEISTER
A experiência da guerra
é a experiência fundamental do homem alemão
Odessa Minsk Sebastopól

---

3. V. Hugo, *Do Grotesco e do Sublime*, p. 81.

por fim a frente ocidental da Normandia
Se você como eu tivesse visto seus camaradas
a senhorita Werdenfels se levanta para fazer uma foto do Senhor Meister
duros congelados mutilados
O escritor naturalmente processa tudo
que ele vivenciou
toda a história que no fim das contas o moldou
todo escritor todo poeta é o produto
de toda história[4]

O que Thomas Bernhard fez em suas peças foi criar uma relação de embate e fricção entre o passado e o presente tão vivamente presente no seu passado. Expurgou e apresentou acontecimentos e fatos que, principalmente, tinham sido sedimentados pela sociedade austríaca. Isso fez com que aquelas partes obscuras da história da Áustria e, por que não dizer, da Europa, que tanto incomodam, irritam e provocam as suas personagens viessem à luz, provocando nos espectadores um sentido crítico sobre o que eles assistem. Então, a personagem, com a sua capacidade e habilidade de rememorar, "torna-se testemunha da sua própria existência e da sua época"[5]. Promove um acerto de contas com a história oficial através do desnudamento e revelação da culpa, da hipocrisia e do falso esquecimento do passado. E, para dar conta daquele embate, ele, de maneira prática e formal, propõe outro, o dos gêneros. Assim, para retratar a realidade do tempo e do mundo em que viveu, por meio de desvios das formas tradicionais Bernhard produziu uma obra que só em aparência se utiliza das formas tradicionais dramáticas. Não é o vislumbrar um novo caminho que o torna especial, mas sim o fato de rejeitar as normas e a ordem estabelecida. Comédia e tragédia convivem tranquilamente, ao mesmo tempo que essas denominações são questionadas, ironicamente, pelo próprio autor.

4. T. Bernhardt, *Die Stücke 1969-1981*, p. 826.
5. J.-P. Sarrazac, *O Futuro do Drama*, p. 161.

A dramaturgia de Thomas Bernhard é, também, uma dramaturgia de referência do século XX, ao usar e ter no romance o modelo a ser seguido, naquilo que ele nos apresenta de acanônico. Segundo Bakhtin, o romance não segue e não tem qualquer cânone. Assim, é possível ver a teatralidade nas narrativas de Bernhard e o romancista em suas peças. Há um trânsito claro entre eles, quando da utilização dos mesmos procedimentos estilísticos: monólogos, musicalidade e repetições das palavras. Jean-Pierre Sarrazac nos diz que:

Bakhtin, que foi o teórico e o apóstolo da escrita polifônica, defendia que o diálogo dramático estava, por natureza, votado ao monologismo: "as réplicas do diálogo dramático não deslocam o universo representado, não o tornam multidimensional; pelo contrário, para serem verdadeiramente dramáticas, têm a necessidade de um universo o mais monolítico possível [...] A concepção de uma ação dramática propondo uma solução para todas as oposições dialógicas é, ela própria, totalmente monológica"[6].

A qualidade poética no trabalho com a linguagem se mostra evidente. É uma língua trabalhada. Há performance da palavra na obra literária de Thomas Bernhard. Ele usa as potencialidades do romance no teatro, e estabelece uma constante peleja entre conteúdo e forma, espaço e tempo. As suas personagens que monologam podem ser vistas como o eu narrador do romance. Além do discursivo e do exagero, é adicionado, nessa mistura, o derrisório. Trata-se de uma dramaturgia em constante movimento, em busca permanente; assim, se reinventa e se analisa a cada minuto, o que a evidencia como uma dramaturgia não conformista. É perceptível a aproximação das narrativas de Thomas Bernhard com a sua obra dramática. Exemplo disso é que na Europa, principalmente na França, Itália e Polônia, muitos dos seus romances foram levados para o teatro. Dentre essas adaptações, citamos *Antigos Mestres* (1995), *O Sobrinho de Wittgenstein* (1992), *Extinção* (2002), *O Náufrago* (2001). Em *Sobre*

6. Ibidem, p. 157.

CONCLUSÃO 269

Todos os Cumes Há Paz, na cena dez existe um diálogo entre duas personagens que ratificam essa imputação, ou seja, que os seus romances são teatrais e as suas peças romances:

EDITOR
Um novo Shakespeare alemão quem sabe
É francamente explosivo o dramático na sua obra
há muitos dramas na sua prosa
certos capítulos de seu romance Germânia
são como dramas
curioso
SENHOR MEISTER
Alguns já disseram
EDITOR
É cheia de drama a sua obra[7]

Outro questionamento que se apresentou quando da concepção deste trabalho era se o teatro de Thomas Bernhard era político ou não. Questionamento que, não resta nenhuma dúvida, ocorre por ele falar, fazer uso de e retomar fatos históricos, políticos e sociais ocorridos na Áustria, no período de 1938 a 1988. Tais fatos ele vivenciou. Há, em suas peças, uma crítica veemente aos austríacos, à Igreja e ao Estado; a fala da personagem Herrenstein, na peça *Elizabeth II*, é exemplo disso:

HERRENSTEIN
[...]
os austríacos não aprenderam nada
eles não mudaram
a totalidade de um povo como a totalidade de um caráter medíocre
[...]
Mas se pensamos constantemente em todas essas ignomínias
nos seria proibido viver neste país um dia a mais
onde olhamos
a degradação nacional-socialista e a fraqueza católica de espírito[8]

---

7. T. Bernhard, *Die Stücke 1969-1981*, p. 879-880.
8. Idem, *Les Célèbres / Elizabeth II*, p. 134-135

Mas o seu questionamento e crítica não se enquadram em nenhum modelo do engajamento político; Thomas Bernhard era visto muito mais como um causador de escândalos, um fazedor de teatro. Há nele o desejo da denúncia, como em sua manifestação pública contra a política do social-democrata austríaco, o político conservador Kurt Waldheim. Uma das possibilidades de tendência política das peças de Thomas Bernhard se corporifica naquilo que Hans-Thies Lehmann, em *Teatro Pós-Dramático*, ao retomar de Lukács a opinião e a noção de que o que é verdadeiramente social na arte é a forma, reconhece e reafirma, então, como o fator político da obra de arte dos nossos tempos muito mais a forma do que o conteúdo, a forma estrutural como o autor trabalha e concebe o seu material artístico. A palavra é o político em Thomas Bernhard, o seu uso. Na sua obra, são perceptíveis as influências de Kant, Hegel e Wittgenstein, no que tange à palavra como arte superior: a onipresença e o poder da palavra/verbo e dos jogos de palavras. O teatro de Thomas Bernhard é o teatro da contestação, da contradição, de debate, da oposição, da provocação da história, da provocação do mundo. Nesse sentido, podemos dizer que ele seja político, mas não em um sentido ideológico. Ele queria, com muita ironia, nos persuadir a julgar e criticar este mundo. Ao suscitar no seu espectador ou leitor um ato de reflexão, ele o tira do conforto para colocá-lo frente a frente com a realidade, com as misérias, e lembrá-lo de que ele é um agente da história e não um simples observador. É o que vemos na peça *No Alvo*, quando a Mãe, conversando com o Escritor, cobra, dele e da juventude, atitudes e posturas em relação à história. Autoironia:

MÃE
Não quero acreditar nos meus olhos quando vejo os jovens
em vez de acordarem e desmantelarem tudo o
que lhes barra o caminho
e a história inteira barra o caminho desta juventude
a história inteira barrou sempre o caminho à juventude
e a juventude teve sempre força

para se desembaraçar de toda esta história podre e corrompida
com toda a violência com a vontade máxima de a aniquilar
Toda a juventude conseguiu pelos seus meios acabar com ela
mas esta
nunca houve uma juventude tão impotente
Você também o diz na sua peça
Diz isso em *Salve-se Quem Puder*
Di-lo com cinismo que lhe é próprio
é também o meu cinismo
A esta juventude não se dá nada embora se lhe dê tudo
pois exatamente porque se lhe dá tudo
e ela adia adia
em vez de agarrar aquilo que lhe é negado
Nós nisso éramos completamente diferentes
a história que nos barrou o caminho
nós a desmantelamos nós a desmantelamos
e dos escombros fizemos uma nova história
a juventude desmantelou sempre a história velha
e construiu a partir daí uma nova
mas esta juventude é impotente
e deixa-se esmagar pela história velha
em silêncio fica para aí inativa a cismar
mas não faz nada
Você é o melhor exemplo
cisma e nada faz
Vê a miséria mas não a elimina
Você é o observador desta podridão
mas não consegue acabar com ela
Bebe
entenda-me bem a juventude tem o direito de aniquilar a história
de a aniquilar para construir a partir do
aniquilamento uma nova história
ela tem esse dever
Mas não deve esperar tanto tempo até que seja tarde
e agora parece que é demasiado tarde
Você mesmo diz isto na sua peça
que se calhar é demasiado tarde
Mas apenas o diz
Di-lo apenas e observa como é que as pessoas reagem a isso
mas não faz nada olha mas não faz nada

É a fuga do escritor dramático
ESCRITOR
Mas já é alguma coisa
MÃE
É muito pouco meu caro
olhar e esperar
isso fazem todos
todos olham e esperam
observam a podridão e apodrecem com ela
ESCRITOR
Mas um dia
MÃE
Não um dia
agora já[9]

Thomas Bernhard foi um construtor de histórias tão grande quanto o destruidor das mesmas. Um escritor/construtor obstinado pela arte de destruir. De certa forma, pratica uma estética do choque, onde há um equilíbrio entre realidade e ficção, ao mesmo tempo que realidade e ficção se confundem. A violência, aqui, não é a do ato, mas é aquela que a palavra porta, que pode ferir tanto quanto uma ação física. Thomas Bernhard foi superlativo na sua dramaturgia, através do exagero, da extrema provocação.

Há violência no teatro de Thomas Bernhard, mas não é a violência física e sim aquela que nos corrói, nos incomoda e nos tira do nosso cotidiano, do nosso comodismo, da nossa rotina. E essa violência é um estratagema para despertar e chamar a nossa atenção. Quando se fala muito e num volume alto, os outros se calam; não sobra espaço para outras manifestações. É a provocação. Através das palavras, Bernhard nos leva – leitores ou espectadores – aos extremos, a espaços decadentes onde encontramos corpos que sofrem. Na estética do exagero, a utilização do grotesco tem importância fundamental. O grotesco nos provoca ao colocar as trevas em cena, o obscuro do ser humano.

---

9. Idem, *Minetti Seguido de No Alvo*, p. 218-219.

CONCLUSÃO

As doenças das personagens, presença constante na dramaturgia de Thomas Bernhard, criam um grande desconforto. Elas nos deixam cônscios das nossas fragilidades, da possibilidade de sofrimento. Muitas das suas personagens são cadeirantes, doentes, hipocondríacos, manetas, paralíticos, pernetas; lutam ou convivem com a bronquite, com o câncer, com o glaucoma, com a tuberculose e outras doenças. Temem a catarata, a cegueira. Sofrem delírios de perseguição. Tossem muito. São personagens tombadas na completa decadência física e moral. A figura do médico, e, por afinidades, a da medicina, é distorcida a tal ponto que somos levados a pensar, quando aparecem nas peças de Bernhard, em monstros ou em sua apatia em relação ao ser humano. Os médicos têm algo de assassinos quando aceleram as doenças, como se fossem torturadores. As descrições de incisões são verdadeiras autópsias do corpo humano. Há prazer em revelar a destruição.

Grotescamente o mundo é retratado como uma imundice, cheio de pó, porcos e ratos. Cheiros desagradáveis são mencionados, como os do cão, o do chiqueiro, o de naftalina, o dos humanos, o dos porcos, o de rábano e o das rosas. Ele nos provoca e nos sufoca com os inúmeros ares pestilentos, que infestam a sociedade em que vivemos, como os odores nauseabundos dos banheiros, os odores que sufocam, gases, o odor da morte.

Assim como muitas das suas personagens são artistas obcecados pelo ideal e pela perfeição, muitas são destruidoras da arte ou sentem vontade de destruir e findam angustiadas, fracassadas, vencidas. Muitos são glutões e sempre querem comer mais. Outras sofrem com sua própria irritabilidade. Somos provocados, também, pelo alto índice de ódio que aflora e se manifesta em suas personagens, como o ódio à existência, o ódio em família, o ódio pela família, o ódio aos judeus, o ódio aos médicos, o ódio à natureza e o ódio à Áustria. Incomoda-nos, também, a grande percentagem de impacientes personagens déspotas, ditadores, megalômanos, que, povoados pelo sentimento de posse, manipulam e tratam os outros como marionetes, como bestas.

Eles, geralmente, são misantropos, misóginos e niilistas. Muitos são bufões e, por isso, têm a liberdade de tudo dizer e fazer. Sobre isso, a personagem Rudolf, de *Antes da Reforma*, diz:

RUDOLF
Liberdade dos bufões
há sempre pessoas
que têm a liberdade dos bufões
elas podem fazer tudo o que elas querem
elas não são levadas a sério
se as fossem levar a sério
seria preciso matá-las[10]

Há, em Thomas Bernhard, as máscaras que são atávicas e que serão para toda a vida, e com as quais nos escondemos de nós mesmos. Mas há também aquelas que são usadas em festas e, mesmo assim, não são belas, são grotescas como as de Ensor. Geralmente são de animais como porcos, macacos, ratos. Há, então, uma zoomorfização do humano, uma bestificação do homem. As personagens de Thomas Bernhard usam máscaras que escondem mas revelam; ou máscaras que escondem ou revelam.

Um dos objetivos primeiros do teatro, enquanto ideia, é trabalhar com conceitos e com a realidade do seu tempo, com aquilo que define a sua época, pois deverá ser fruído pelo povo daquela época, daquele tempo. Então, a intersubjetividade do teatro, que é uma de suas principais características, deverá procurar estabelecer conexão com a história, não só do seu presente, mas também com aquela do passado, que tanto auxilia no entendimento do presente. É o que a personagem Editor da peça *Sobre Todos os Cumes Há Paz* diz para o Senhor Meister:

EDITOR
O autor deve sempre estar em conexão
com toda a história
se ele perde uma vez essa conexão

10. Idem, *Die Stücke 1969-1981*, p. 773.

e isto mesmo num curto tempo
ele perde também a sua grandeza
SENHOR MEISTER
A história e o autor são
uma unidade[11]

    Thomas Bernhard esteve sempre em conflito com a história e o Estado; nesse sentido, não se integraria e nem se integrou de maneira alguma com o Estado. Ele tinha consciência dessa sua inadequação. O que não impediu que ele encarasse, sem um véu protetor, a herança histórica do seu passado, da qual foi um sobrevivente. E ainda que a Áustria seja o objeto dos seus ataques, percebe-se, nas suas peças, a presença do contexto histórico europeu. Pode-se dizer que toda a sua produção, e por que não dizer, também a sua vida, foi um ato de protesto, do protesto de um cidadão que viveu os horrores da guerra e não teve dúvidas ao fazer da sua atividade artística um ato pela consciência. Numa época de incertezas, empreendeu a sua luta contra a ordem estabelecida, contra a Áustria. Ele tornou explícitas as contradições da sociedade e desse Estado austríaco. O seu ponto de vista se manifestava através da ironia, da polêmica. Polêmica alimentada e direcionada contra a Áustria. Ele usufruiu, com toda a potência, a liberdade que a ironia lhe dava, lhe permitia. A liberdade irônica. A ironia, num certo sentido, o preservava e fazia dele um revolucionário que incomodava tanto os de direita quanto os de esquerda. Isso se evidenciava na sua causticidade. Thomas Bernhard combateu, principalmente, através da ironia. Mas isso o tornou impopular, pois a ironia, além de perturbar a ordem estabelecida, perturba, também, a possibilidade da unidade harmônica, tão almejada pelos austríacos. E a sua orientação irônica, por ser basicamente crítica, com frequência excluía a simpatia e gerava a repulsa dos austríacos.

    A ironia no teatro de Thomas Bernhard, além de funcionar como um elemento discursivo de provocação derrisória,

---

11. Ibidem, p. 875.

sarcástica e provocativa, é crítica. Para Kierkegaard: "A discrepância, que a ironia estabelece com a realidade, já está suficientemente indicada quando se diz que a orientação irônica é essencialmente crítica.[12]"

No teatro de Thomas Bernhard, a família é a Áustria e o teatro é a Áustria. São espaços que representam a Áustria. O teatro de Thomas Bernhard é uma crítica aguda à família, e a família é o teatro, e o teatro é a Áustria. E é contra essa Áustria católica e nacional-socialista – uma sociedade culpada – que ele investe a sua fúria; contra essa Áustria que convivia "pacificamente" e "silenciosamente" com o seu passado. É a história da Áustria que lhe interessa; este é o palco a ser encenado, a ser desnudado e denunciado. A Áustria doente. A Áustria com a qual ele tinha um relacionamento conflituoso. Amava-a e a odiava, quase que simultaneamente; então a família e o teatro como simulacro. A família e o teatro como microcosmo e reflexo de uma sociedade hipócrita. É interessante observar como, ironicamente, Thomas Bernhard coloca na boca do nazista Rudolf, da peça *Antes da Reforma*, aquilo que ele vinha trabalhando em muitas de suas peças e romances:

RUDOLF
Não se pode falsificar a história
pode-se por longo tempo maquiá-la
muitas coisas podem ser camufladas ser falsificadas
mas logo um dia ela se ilumina
e se vê como ela é
quando os maquiadores e os camufladores e os falsificadores
não estão mais lá
Isso dura sempre muitas dezenas de anos[13]

Se constatamos nas personagens de Thomas Bernhard a compulsão pela fala, podemos constatar, também, a sua compulsão, enquanto escritor, em sua escritura. São raros os dramaturgos

12. *O Conceito de Ironia Constantemente Referido a Sócrates*, p. 238.
13. Ibidem, p. 771.

que conseguem criar uma atmosfera que, apesar de carregada nas cores daquilo que nos incomoda, nos pareça tão familiar ao colocar-nos em contato com a realidade. Bernhard foi um criador de tiranos, de déspotas manipuladores, que sobrevivem das relações de dependência e obediência seja dos familiares ou daqueles que os cercam, ou seja, das personagens submissas geralmente monossilábicas. Suas personagens não são e não estão desesperadas, mas sim angustiadas, pois a angústia é o que lhes resta para seguir ou esperar. Trata-se de figuras mutiladas e estropiadas fisicamente, mas, primordialmente, mutiladas e estropiadas na desilusão e na inadequação que sentem diante da sociedade e do mundo em que vivem. Assim, a obra de Bernhard está cheia de personagens fracassadas. O "herói" de suas peças seria, para usar a nomenclatura empregada pela personagem Senhor Meister, em *Sobre Todos os Cumes Há Paz*, o herói negativo:

SENHOR MEISTER
veja o que é o herói negativo
É o herói em si
o homem fracassado[14]

É surpreendentemente paradoxal e contraditória, também, a posição e atitude do escritor Thomas Bernhard e do homem Thomas Bernhard. Enquanto escritor, ele foi discursivo, instigante, irritador, prolixo, provocador e verborrágico; como indivíduo/homem, foi o recluso, o misantropo austríaco. Ou seja, ele não deixa de ser o *Struwwelpeter*, o bufão.

No campo do uso de referências pessoais, a dramaturgia de Bernhard preocupa-se em revelar-se intertextual, muitas vezes deixando clara a fonte que contribui à sua criação, como é o caso da peça *Sobre Todos os Cumes Há Paz*. Esse título é o primeiro verso da canção poema de Goethe, "Ein Gleiches"[15]. E as citações não

14. Ibidem, p. 830.
15. *Poemas*, p. 84.

param por aqui, pois o nome da personagem principal é Moritz Meister, o que nos remete ao romance de formação, também de Goethe, *Os Anos de Aprendizagem de Willelm Meister*. Portanto, o teatro de Thomas Bernhard tem como uma de suas principais características a aposta em um teatro de referência e de citações de outros textos, o que indica o grau da formação e do conhecimento que Thomas Bernhard tinha da estética, da história e da dramaturgia teatral. Podemos identificar então, na peça *A Força do Hábito*, uma formação de trupe que lembra aquelas da *Commedia dell'Arte*. Personagens das peças de Shakespeare também são citadas por atores das peças *Minetti* e *Simplesmente Complicado*. Da mesma forma, várias peças de Thomas Bernhard trazem personagens cadeirantes ou atrofiados/aleijados como as de Samuel Beckett, basta conferir as peças *A Festa de Boris*, *Antes da Reforma* e *Elizabeth II*. Também é possível relacioná-lo novamente com Beckett no que diz respeito ao tema repetitivo e recorrente deste último, ou seja, a espera: temos a espera do diretor pelo ator, em *Minetti*; em *O Fazedor de Teatro*, encontramos a espera e a longa jornada dia adentro de Bruscon, que, enquanto organiza o palco para a função da noite, aguarda autorização do corpo de bombeiros para que a luz de emergência seja desligada no final da peça a ser encenada; deparamos com a espera do *Reformador do Mundo*, que aguarda o título de doutor *honoris causa* a ser recebido; na casa e balcão do Herrenstein, existe a espera pela passagem da rainha inglesa, *Elizabeth II*, por Viena. Esse tema, que chega a ser um procedimento, nos deixa – espectadores e leitores das peças de Thomas Bernhard – com a impressão de que já lemos, vimos e ouvimos o que estamos lendo, vendo e ouvindo.

E assim, em sua obra teatral, lemos, notamos, ouvimos, sentimos ou vemos a presença de, entre outros, Adalbert Stifter, Alexander Block, Albert Camus, Artaud, Arturo Toscanini, Arthur Schnitzer, Beckett, Beethoven, Bertrand Russell, Brahms, Brecht, Bruno Ganz, Busoni, Carl Zuckmayer, César, Churchil, Claus Peymann, Dene, Descartes, Diderot, Dostoiévski, Einstein, Ensor, Fernando Pessoa, Flaubert, Goethe, Heidegger, Henry James, Hitler, Hugo von Hofmannsthal, Joyce, Kant, Karl Kraus, Kierkegaard, Kleist, Lermontov, Ludwig Wittgenstein, Marcel Proust, Max Reinhardt, Metternich, Minetti, Molière, Montaigne, Mozart, Napoleão, Nero, Nestroy, Nietzsche, Novalis, Otto Weininger, Pablo Casals, Pascal, Paul Wittgenstein, Pirandello, Raimund, Rilke, Ritter, Roosevelt, Schönberg, Schopenhauer, Schubert, Shakespeare, Spinoza, Stendhal, Strindberg, Tchékhov, Thomas Mann, Tolstói, Turguêniev, Verdi, Voltaire, Voss, Wagner, Webern, Zola.

Outro recurso encontrado com frequência nas peças de Thomas Bernhard é a utilização de nomes reais, nomes de personalidades, dos mais diversos segmentos sociais e culturais e de diferentes épocas, como Wittgenstein, Voltaire, Shakespeare, Schopenhauer, Pirandello, Kant, Glenn Gould etc. Mas a presença desses nomes não significava que ele pretendia fazer um retrato biográfico dos mesmos. Na maioria das vezes, tratava-se apenas de citações, ou a personagem real servia de modelo para a personagem ficcional. Então, os binômios ficção/arte e realidade/vida, ao mesmo tempo que podem propiciar uma confusão de entendimento e aceitação, nos aproxima de um contexto mais real: a possibilidade de ser verossímil.

Um ano após o "terremoto" ocorrido na Áustria, por causa da estreia da peça *Praça dos Heróis*, de Thomas Bernhard, em 1988, no centro da capital Viena, o mundo assistiu à queda do muro de Berlim. O mundo se modificou. Mas Thomas Bernhard já estava morto poucos meses depois da conturbada estreia de *Praça dos Heróis* e, consequentemente, antes do marco simbólico das alterações que viriam a ocorrer no mundo todo. Só a partir de então a sociedade austríaca começou a pensar e debater sobre sua posição e envolvimento nos dois marcantes acontecimentos históricos de alcance mundial pelos quais havia passado: em 1918, com o esfacelamento do império austro-húngaro, e em 1938, com a anexação da Áustria à Alemanha. Por sua vez, Thomas Bernhard, muito à frente do seu tempo entre os seus compatriotas, nunca deixou de levar em consideração a importância desses fatos históricos na mentalidade do povo austríaco, visto que os acontecimentos acima citados já haviam servido de material temático de parte de sua produção dramatúrgica.

Ao mesmo tempo que provocava escândalos com a sua produção dramatúrgica, Thomas Bernhard soube tirar proveito deles, alimentando polêmicas e ironizando. A arte para Thomas Bernhard era uma possibilidade de existência, de estar vivo, de sentir-se vivo. No seu discurso de ódio, a literatura era a saída, a salvação, a solução na sua luta contra a doença, contra a morte. A obra de Thomas Bernhard nos incomoda, nos irrita e nos provoca, porque desperta e revela em nós aquilo que nos provoca, nos irrita e nos incomoda. Ela nos torna conscientes das nossas doenças, das nossas dores, das nossas fragilidades, das nossas hipocrisias, das nossas loucuras, dos nossos ódios, das nossas solidões neste mundo, da nossa existência. É uma dramaturgia sem complacência, que irrompe com violência através das palavras, destruindo com as palavras. Há a erotização da palavra em detrimento do corpo, que pouco lida com a afetividade. Foi através da arte do exagero, com a intensificação do uso do grotesco, a criação de aforismos, o uso do discursivo, o emprego da ironia, que Thomas Bernhard nos provocou ao tornar visível, mesmo para aqueles que não queriam enxergá-la, uma realidade escondida, desconsiderada. E assim, os livros, que tanto o incomodavam quando jovem na biblioteca do seu avô materno, tornaram-se, de maneira compulsiva, a sua reação e resposta produtiva à sua existência, à sua história, à sociedade, à Áustria, à época em que viveu. Thomas Bernhard, com a sua produção literária como única possibilidade de sobrevivência, foi o *Struwwelpeter* austríaco da sua época, ao trazer para a cena a Áustria, personagens e situações daquela sociedade e época, que foi marcada pela Segunda Guerra Mundial, pela destruição de ideais, pela desagregação de povos, pelo ódio entre povos e pela angústia humana. Thomas Bernhard foi um sobrevivente.

BIBLIOGRAFIA

Obras de Thomas Bernhard

Prosa. Frankfurt: Suhrkamp, 1971.
Der Keller. Salzburg: Residenz, 1976.
Vor dem Ruhestand. Frankfurt: Suhrkamp, 1979.
O Presidente. Porto Alegre: Instituto Goethe de Curitiba, 1980.
Der Wetterfleck. Frankfurt: Suhrkamp, 1981.
Über allen Gipfeln ist Ruh. Frankfurt: Suhrkamp, 1981.
Der Schein trügt. Frankfurt: Suhrkamp, 1983.
Die Jagdgesellschaft. Frankfurt: Suhrkamp, 1983.
Die Stücke 1969-1981. Frankfurt: Suhrkamp, 1983.
La Force de l'habitude. Paris: L'Arche, 1983.
Der Theatermacher. Frankfurt: Suhrkamp, 1984.
L'Ignorant et le fou. Paris: L'Arche, 1984.
Ténèbres. Paris: Maurice Nadeau, 1986.
Simplement complique. Paris: L'Arche, 1988.
Déjeuner chez Wittgenstein. Paris: L'Arche, 1989.
Immanuel Kant. Paris: L'Arche, 1989.
Le Réformateur. Paris: L'Arche, 1990.
Minetti Seguido de No Alvo. Lisboa: Cotovia, 1990.
Place des Héros. Paris: L'Arche, 1990.
A Força do Hábito/Simplesmente Complicado. Lisboa: Cotovia, 1991.
Árvores Abatidas. Rio de Janeiro: Rocco, 1991.

Dramuscules. Paris: L'Arche, 1991.
O Sobrinho de Wittgenstein. Rio de Janeiro: Rocco, 1992.
Claus Peymann kauft sich eine Hose und geht mit mir essen. Frankfurt: Suhrkamp, 1993.
Trevas. Lisboa: Hiena, 1993.
Maître la journée d'um poète allemande vers 1980. Paris: L'Arche, 1994.
Une Fête pour Boris. Paris: L'Arche, 1996.
Les Célèbres / Elizabeth II. Paris: L'Arche, 1999.
Perturbação. Rio de Janeiro: Rocco, 1999.
Extinção. São Paulo: Companhia das Letras, 2000.
Erzählungen. Frankfurt: Suhrkamp, 2001
Antigos Mestres: Comédia. Lisboa: Assírio & Alvim, 2003.
O Náufrago. São Paulo: Companhia das Letras, 2006.
Origem. São Paulo: Companhia das Letras, 2006.
O Imitador de Vozes. São Paulo: Companhia da Letras, 2009.
Os Meus Prêmios. Lisboa: Quetzal, 2009.

Obras Consultadas

ABBAGNANO, Nicola. *Dicionário de Filosofia*. São Paulo: Martins Fontes, 2007.
ABEL, Lionel. *Metateatro*. Rio de Janeiro: Zahar, 1968.
ADORNO, T.W. *Notas de Literatura*. Rio de Janeiro: Tempo Brasileiro, 1973.
____. *Théorie Esthétique*. Paris: Klincksieck, 1974.
____. *Filosofia da Nova Música*. São Paulo: Perspectiva, 1989.
AGAMBEN, Giorgio. *O Que É o Contemporâneo? E Outros Ensaios*. Chapecó: Argos, 2009.
ARISTÓTELES. *Arte Retórica e Arte Poética*. de Antônio Pinto de Carvalho. Rio de Janeiro: Tecnoprint, s/d.
ASLAN, Odette. *O Ator no Século XX*. São Paulo: Perspectiva, 1994.
BAKHTIN, Mikhail. *A Cultura Popular na Idade Média e no Renascimento: O Contexto de François Rabelais*. São Paulo/Brasília: Hucitec/Universidade de Brasília, 1987.
____. *Questões de Literatura e de Estética*. São Paulo: Unesp, 1993.
____. *Estética da Criação Verbal*. São Paulo: Martins Fontes, 2006.
BARTSCH, Kurt (org.). *In Sachen Thomas Bernhard*. Königstein: Athenäum, 1983.
BERTHOLD, Margot. *História Mundial do Teatro*. São Paulo: Perspectiva, 2005.
BRAIT, Beth. *Ironia em Perspectiva Polifônica*. Campinas: Unicamp, 2008.
BRECHT, Bertolt. *Teatro Dialético*. Rio de Janeiro: Civilização Brasileira, 1967.
____. *Estudos Sobre Teatro*. Rio de Janeiro: Nova Fronteira, 2005.
BROOK, Peter. *The Empty Space*. Middlesex: Penguin, 1986.
CARLSON, Marvin. *Teorias do Teatro*. São Paulo: Unesp, 1997.
CHABERT, Pierre; HUTT, Barbara. *Thomas Bernhard*. Paris: Minerve, 2002.
CIRLOT, Juan-Eduardo. *Dicionário de Símbolos*. São Paulo: Centauro, 2005.
CRAYLING, A. C. *Wittgenstein*. São Paulo: Loyola, 2002.
DAHLET, Véronique. *As (Man)obras da Pontuação: Usos e Significações*. São Paulo: Humanitas, 2006.

DEBORD, Guy. *A Sociedade do Espetáculo*. Rio de Janeiro: Contraponto, 2008.

ECO, Umberto. *Entre a Mentira e a Ironia*. Rio de Janeiro: Record, 2006.

_____. *On Ugliness*. New York: Rizzoli, 2007.

FLEISCHMANN, Krista. *Thomas Bernhard Entretiens avec Krista Fleischmann*. Paris: L'Arche, 2003.

FOKKEMA, Douwe W. *História Literária Modernismo e Pós-Modernismo*. Lisboa: Vega, [s.d.].

FOUCAULT, Michel. *Les Mots e les choses*. Paris: Gallimard, 1996.

_____. *A Ordem do Discurso*. São Paulo: Loyola, 2005.

_____. *Estética: Literatura e Pintura, Música e Cinema*. Rio de Janeiro: Forense Universitária, 2006.

GLOCK, Hans-Johann. *Dicionário Wittgenstein*. Rio de Janeiro: Jorge Zahar, 1998.

GOETHE, Johann Wolfgang. *Poemas*. Coimbra: Centelha, 1986.

GORP, Hendrik van; DELABASTIA, Dirk; D'HULST, Lieven; GHESQUIERE, Rita; GRUTMAN, Rainier; LEGROS, Georges. *Dictionnaire des termes littéraires*. Paris: Honoré Champion, 2008.

GRAYLING, A.C. *Wittgenstein*. São Paulo: Loyola, 2002.

GUÉNOUM, Denis. *O Teatro É Necessário?* São Paulo: Perspectiva, 2004.

HAIDER-PREGLER, Hilde; PETER, Birgit. *Der Mittagesser: Eine Kulinarische Thomas-Bernhard-Lektüre*. Wien/München: Suhrkamp, 2001.

HOELL, Joachim. *Thomas Bernhard*. Munique: Deutscher Taschenbuch, 2000.

HOFMANN, Kurt. *Em Conversa Com Thomas Bernhard*. Lisboa: Assírio & Alvim, 2006.

HOFFMANN, Heirinch. *Der Struwwelpeter oder lustige Geschichten und drollige Bilder*. Zürich: Diogenes, 1977.

HUBER, Martin; KARHUBER, Peter; MITTERMAYER, Manfred (orgs.). *Thomas Bernhard und seine Lebensmenchen: Der Nachlass*. Frankfurt: Suhrkamp, 2002.

HUGO, Victor. *Do Grotesco e do Sublime*. São Paulo: Perspectiva, 2004.

KAYSER, Wolfgang. *O Grotesco*. São Paulo: Perspectiva, 1986.

KIERKEGAARD, Søren Aabye. *O Conceito de Ironia Constantemente Referido a Sócrates*. Petrópolis: Vozes, 1991.

_____. *O Conceito de Angústia: Uma Simples Reflexão Psicológico-Demonstrativa Direcionada ao Problema Dogmático do Pecado Hereditário de Vigilius Haufniensis*. Petrópolis/São Paulo: Vozes/Universitária São Francisco, 2010.

KLEIST, Heinrich von. *Sobre o Teatro de Marionetes*. Rio de Janeiro: Viveiros de Castro, 1997.

KOBERG, Roland. *Claus Peymann: Aller Tage Abentueuer*. Berlin: Henschel, 1999.

KOUDELA, Ingrid Dormien. *Um Voo Brechtiano*. São Paulo: Perspectiva, 1992.

_____. *Texto e Jogo*. São Paulo: Perspectiva, 1996.

_____. *Brecht na Pós-Modernidade*. São Paulo: Perspectiva, 2001.

KOUDELA, Ingrid Dormien (org.). *Heiner Müller: O Espanto no Teatro*. São Paulo: Perspectiva, 2003.

LEHMANN, Hans-Thies. *Teatro Pós-Dramático*. São Paulo: Cosac Naify, 2007.

_____. *Escritura Política no Texto Teatral*. São Paulo: Perspectiva, 2009.

MAINGUENEAU, Dominique. *Pragmática Para o Discurso Literário*. São Paulo: Martins Fontes, 1996.

MORENO, Arley R. *Wittgenstein: Através das Imagens*. Campinas: Unicamp, 1995.

_____. *Wittgenstein: Os Labirintos da Linguagem – Ensaio Introdutório*. São Paulo: Moderna, 2000.

MUECKE, D.C. *Ironia e o Irônico*. São Paulo: Perspectiva, 1995.

PAVIS, Patrice. *Dicionário de Teatro*. São Paulo: Perspectiva, 1999.

_____. *Le Théâtre contemporain: Analyse des textes, de Sarraute à Vinaver*. Paris: Nathan/Vuef, 2002.

PERNIN, Marie-José. *Schopenhauer: Decifrando o Enigma do Mundo*. Rio de Janeiro: Jorge Zahar, 1995.

RABELAIS, François. *Gargantua e Pantagruele*. Milano: Sansoni, 1993.

REICH-RANICK, Marcel. *Thomas Bernhard*. Zurich: Ammann, 1990.

RÖHL, Ruth. *O Teatro de Heiner Müller*. São Paulo: Perspectiva, 1997.

ROSENFELD, Anatol. *O Teatro Épico*. 6. ed. São Paulo: Perspectiva, 2008.

ROUBINE, Jean-Jacques. *A Linguagem da Encenação Teatral (1880-1980)*. Rio de Janeiro: Zahar, 1982.

RYNGAERT, Jean-Pierre. *Ler o Teatro Contemporâneo*. São Paulo: Martins Fontes, 1998.

_____. *Introdução à Análise do Teatro*. São Paulo: Martins Fontes, 1996.

RYNGAERT, Jean-Pierre (org.). *Nouveaux Territoires du Dialogue*. Paris: Actes Sud, 2005.

RYNGAERT, Jean-Pierre; SERMON, Julie. *Le Personnage théâtral contemporain: décomposition, recomposition*. Montreuil-sous-Bois: Théâtrales, 2006.

SARRAZAC, Jean-Pierre. *O Futuro do Drama*. Porto: Campo das Letras, 2002.

SCHEIDL, Ludwig (org.). *Novas Histórias Com Tempo e Lugar: Prosa de Autores Austríacos*. Porto: Afrontamento, 1984.

SCHECHNER, Richard. *Performance Theory*. New York: Routledge, 1988.

SCHEMELING, Manfred. *Métathéâtre et intertexte*. Paris: Lettres Modernes, 1982.

SCMITZ, François. *Wittgenstein*. São Paulo: Estação Liberdade, 2004.

SCHOPENHAUER, Arthur. *Aforismos Para a Sabedoria na Vida*. São Paulo: Melhoramentos, 1964.

_____. *A Arte de Insultar*. São Paulo: Martins Fontes, 2003.

_____. *Sobre o Ofício do Escritor*. São Paulo: Martins Fontes, 2003.

_____. *O Mundo Como Vontade e Como Representação*. São Paulo: Unesp, 2005.

SODRÉ, Muniz; PAIVA, Raquel. *O Império do Grotesco*. Rio de Janeiro: Mauad, 2002.

SPIEL, Hilde. *Die zeitgenössische Literatur Österreichs*. München: Kindler, 1976.

STENGEL, Hansgeorg; ERNST, Hans-Eberhard. *SuperStruwwelpeter/Lustige Geschichten und drollige Bilder für Kinder von 3 bis 93 Jahren*. Leipzig: Buchhandels und Verlagsanstalt, 1993.

SZONDI, Peter. *Teoria do Drama Moderno (1880-1950)*. São Paulo: Cosac & Naify, 2003.

_____. *Teoria do Drama Burguês [Século XVIII]*. São Paulo: Cosac Naify, 2004.

THEODOR, Erwin. *A Literatura Alemã*. São Paulo: T.A. Queiroz/Edusp, 1980.

THOMAS, Chantal. *Thomas Bernhard le briseur de silence*. Paris: Seuil, 2006.

THORAU, Henry. *Perspectivas do Moderno Teatro Alemão*. São Paulo: Brasiliense, 1984.

UBERSFELD, Anne. *Lire le théâtre*. Paris: Belin, 1996. (Trad. bras.: *Para Ler o Teatro*. São Paulo: Perspectiva, 2013.)

_____. *Lire le théâtre II L'école du spectateur*. Paris: Belin, 1996.

WAECHTER, Friedrich Karl. *Der Anti-Struwwelpeter oder listige Geschichten und knallige Bilder*. Zürich: Diogenes, 1998.

WILLIAMS, Raymond. *Tragédia Moderna*. São Paulo: Cosac & Naify, 2002.
WITTGENSTEIN, Ludwig. *Investigações Filosóficas*. São Paulo: Nova Cultural, 1991.
____. *Tractatus Logico-Philosophicus*. São Paulo: Edusp, 1994.
ZWICK, Renato. Apresentação. In: KRAUS, Karl. *Aforismos*. Porto Alegre: Arquipélago, 2010.

Periódicos

ÉTUDES *Théâtrales*. Louvain-la-Neuve, n. 24-25, 2002. (Écritures dramatiques contemporaines: L'Avenir d'une crise [1980-2000].)

EUROPE revue littéraire mensuelle. Paris, n. 959, mars 2009. (Thomas Bernhard.)

FOLHETIM. *Teatro do Pequeno Gesto*. Rio de Janeiro, n. 11, set-dez 2001. (Manifesto Por um Novo Teatro.)

MAGAZINE littéraire. Paris, n. 265, mai 1989. (Littératures allemandes d'aujourd'hui.)

SALA *Preta*. São Paulo, n. 3, 2003.

TEXT + *Kritik*. München, Heft 43, nov. 1991. (Thomas Bernhard.)

Este livro foi impresso na cidade de São Paulo,
nas oficinas da Graphium Gráfica e Editora, em março de 2017,
para a Editora Perspectiva.